U0577119

一旦行走，走在异乡的大地或山河之间，你会发现，你在自己的城市的那点悲欢，在此地，完全没有了意义。当然，别人的悲欢，在你眼里，也没有了意义。所以，走吧，在走的过程里，在眼睛的跨界里，你会发现一个悲欢之外的广阔天地。

在行走中找到自己

往西，
宁静的
方向

廣東旅游出版社
GUANGDONG TRAVEL AND TOURISM PRESS

出品／東申九歌

开始。

突然就走到了西藏

突然就走到了香港会展

2011 年 8 月 25 日到 9 月 4 日，陈坤发起“行走的力量 1+N 去西藏”。10 名大学生跟着陈坤徒步行走，途经色拉乌孜山、羊湖、甘丹寺、桑耶寺等地，行程大约 115 公里。途中，在拉萨盲童学校进行公益活动。

陈坤说：“这一次我们选择在西藏进行高海拔徒步，是希望通过行走，通过这种特别的外部环境能够启发我们的心灵。这 11 天，我只洗了一次澡，身上都臭烘烘的，但是心里特敞亮。西藏行走只是一个开始，我们会继续行走下去。”

2011 年，行走西藏触动陈坤完成了第一本书《突然就走到了西藏》。这本书不只是一次行走的记录，更是陈坤心路旅程的首次袒露。2012 年 7 月，《突然就走到了西藏》繁体字版在香港出版。7 月 19 日，陈坤突然走到了香港会展中心，和香港资深媒体人俞琤、作家项明生，还有在场的读者展开了关于书、关于行走的对话。

2012年7月19日下午　香港会展中心

俞　琤：突然就走到了会展。我好久好久好久没有试过再拿着话筒，在这么多灯光映照之下同大家见面。今天突然走到会展，是因为陈坤的一本书——《突然就走到了西藏》。

陈　坤：谢谢，我也是。我很高兴天地图书帮我出版繁体版的《突然就走到了西藏》，这本书对我来讲是一个无心插柳的过程。本来是一部闲言碎语的杂文，没有结集成册的愿望，没想到它成为一本书之后，有很多人看了，愿意跟我分享。

这个过程里， 我从一个热爱文字的业余写手，瞬间成为一个书卖得很好的“畅销书作者”的时候，有一种一夜暴富的感觉，让我找到了信心，所以我在这里非常感谢天地图书，你们帮我的忙，能够让更多的朋友通过这样一本书，愿意给我一个机会，去让你们了解我想诉说的事情。

其实我代表着二十世纪七十年代出生的这一代人共有的一些喜怒哀乐，我的自私、我的骄傲、我的内心诉求，都落在这个文字里面。文字没有写得特别好，辞藻也不锋利、不漂亮，但是我觉得，反正也没有人去计较我写得好不好，我就把心里的感受写出来。所以我很激动，没想到今天还可以在我非常尊重的香港书展来跟大家做这样面对面的交流，我很兴奋，也很感动。所以，再次感谢吧！

俞　琤：我觉得你是有点过分谦虚的，其实因为这本书，我觉得它好特别。它有陈坤的心路历程，他的成长之路，再有一个非常有意义的活动，就是他的……你讲一下你的活动好不好？就是Power to Go。

陈　坤：对，其实《突然就走到了西藏》这本书是孕育了一个项目所要出现的，在我们现在的社会，身在香港的朋友和身在内地：北京、上海等大城市的朋友都会有同样的感觉，经济发展太快速了，快速到我们都喘不过气，没想到大楼瞬间出现，最好的五星级饭店瞬间出现，就好像人走得太快，影子跟不上一样，其实我们并没有准备好，经济可以发展得这么快速，所以我相信在未来的几年里会出现更多的关注心灵的项目。在我们身边的高楼大厦林立的时候，其实我们很容易会找不到小时候心里的安宁和快乐，单纯的快乐。

当然我也相信，不仅仅在香港，在内地：北京、上海等很多城市里的人们，他们都在做一些互助的项目，包括慈善、公益，但是我想做的是关注心灵的项目，所以“行走的力量Power to Go”做的是关注心灵的项目，我只是希望大家在行走这个很单纯的事情里面停止说话，把你的注意力放在应该放在的、单独的一个点上面，通过行走，练习你的专注力。

这样之后呢，我们学习到的一个方式是，我们不用往外看，因为从小到大，我们所有事情都是往外看——父母怎么夸奖我们，老师怎么夸奖我们，谁诋毁了我们，工作好不好……我要的是大家学习找到专注力之后往内看，这个方法非常有趣，因为当我在学习到这个方法之后，我竟然比以前优异了一点。连我都可以优异，在座各位一定比我更厉害。

所以我讲的这个方法，希望用行走的方式传递出来。去年第一年是在西藏行走，我们行走了十几天，禁语，在这个过程中，每个人都种下了一颗有可能看到自己内心的种子。

俞　琤：有没有看到，他娓娓道来是由心出发的，他的眼睛是有神采的，讲了一个那么有意义的西藏之行。我觉得你是真的从心里面出发的，power to go！我很喜欢书中最后的几句，我想请陈坤，不用跑到西藏那么远，而要用你的声音来即兴朗诵一段台词，好不好？你介不介意？完全没有经过彩排的。

陈　坤：她就刚好给了我一次展示我台词的机会。其实你知道吗？我觉得我在这一次行走当中，很多感触落成文字后读出来有小小的抒情，大家要忍受住哈。

俞　琤：就听你的了。

陈　坤："只要行走，就能与你生命中的真相相遇。正如我，走着走着，就找到了自己。走着走着，就突然走到了西藏。走着走着，就走到了阳光照耀下的内心世界。还会继续往前走。人生的全部意义就在于行走，面向前方，不要停下来。当你开始学会往前走的时候，你生命中所有的遗失、不能弥补的缺憾，都变得不那么强大。它就像云朵之于天空，稍带滑稽和无所归属的样子滑过，从来不曾因为它而改变天空的蔚蓝。"谢谢。

俞　琤：是不是真的字字珠玑呢？真的是哈。非常好。感谢你，陈坤，感谢你的书。那么接下来就由我来介绍另外一位和陈坤进行对谈的嘉宾出来，他的背景和陈坤有很多相似的地方，那么，我们听他自己来讲一下好不好？项明生先生！

项明生：（问俞琤）要走了吗？哈哈！（对陈坤）刚刚 YT（俞琤）介绍过，我自己也有写过游记，那和坤少我们都是老乡了。

陈　坤：是的。

项明生：我是成都人，但是来香港很多年了。我写的游记是秘鲁，坤少写的是西藏。以行走来说，我之前也跟一行禅师学过"行走"，他是在法国的越南籍的禅师。我看过很多他的书，他现在八十几岁了，年纪很大了。他就教我们在行走的过程中禁语，不说话。上一次是香港大学请他来的，很多听众都是大学的校长、教授、老师，像学生一样，跟在他后面行走。所以，我很高兴听到你所说的在城市里面行走，因为我们可能在生活中，没有那么多机会走那么远，你怎么在生活里行走呢？

陈　坤：我很想与大家分享的是爬山。我们在西藏的爬山是非常艰苦的，可能在四千多米海拔以上，这个路途就像我们的人生，我们在年轻的时候都把最大的能量放在爬山上面，当我们看到一个五千多米的垭口的时候，我们就把我们所有的能量放在身体里面，每一步都欣喜地、想要达到目标地快速往上面爬。当我们站在垭口上的时候，很多人以为这就是全部，其实你的人生才刚刚开始。我认为，爬山只是为你下山而作的准备，其实我们人生最重要的是，下山怎么下。

没有一个人去思考这个问题的话，就请你们自己去尝试行走。当我们从四千多米花了几个小时的时间爬上了五千多米的时候，我看到所有随行的工作人员，还有我们的学生都觉得“到了，这是我们人生当中的最高峰了，最美的地方了”。好，喘息一下往下面走，每个人都觉得疲惫不堪，我转过头问了他们一句：“你们上山时的那个状态去哪儿了？”其实这句话是在问我自己，就像我年轻的生命一样，我想，为了认识或证明我在这个世界上的存在多么让我骄傲，我花了很长时间去证明自己最大的能量。那个时候为了自己的工作和事业，对自己要求非常严格。

一旦到了三十岁之后，我有了一定的名誉和财富的时候，就好像我已经站在垭口上面了，开始松懈。我曾经有一到两年的时间，放松了我自己，开始发胖，开始犹疑，开始看不见状态，开始不知道什么时候应该选择更清贫的内心。所以呢我想跟大家分享的是，我们爬山只是为了下山而练习。回答一下好朋友的问题，为什么行走带给我们那么大的能量？其实我们走每一段路，就去想象那是我们自己的人生。很多年轻的八几年、九几年出生的小朋友就会说：“坤叔你干吗这么严肃啊？”对，很多人在佛教话题里找到一句话自我欺骗，叫“活在当下”。对不起，有一个前提——你在朝什么方向走，是你应该先做到的一个心理准备，如果你选择对了方向，你才可以在每一个当下走得尽兴，不会后悔。

所以爬山的时候用什么样的能量和兴奋，下山的时候，你也要用什么样的能量和兴奋。就像我们会衰老，事业会流失，名利会走掉一样，就像我的帅气也会走了一样。难道我只是为了现在三十岁你们给我的掌声而活吗？难道我只是为了站在山顶上跟大家说 hi，下山怎么办，滚下去吗？对不起，哥们儿没这兴趣。

我想要的人生，是往下走的时候，每个人都对我说“你看我爬得更高”，我说“对不起啊，我先下去了”。为什么下去？因为每个人都要下去，是早晚都要下去的。所以，当我们在行走的道路上，没有高峰也没有低谷，都在从容地走的时候，就会强迫自己学习到宠辱不惊，没有高低之分。我其实很希望这本书跟大家分享到一个内在的隐喻，我在之前浮躁的时候所面对的所有东西都坦坦白白给大家看，让你们看到陈坤除了演员这个职业之外，作为一个普通人所有的自私、卑劣、可笑、鸡贼……又怎样？我接受了。我们花太多时间去跟别人说“我不是这样的”，对不起，不要浪费这个时间。三招：发现、接受、微笑，就这么简单。所有事件都用这三招解决，发现有问题，接受，解决它，微笑吧。

陈　坤：行走的过程里面，我跟大家没有差别，我们是五十步和一百步的距离，每个人不用去西藏，在香港的海边就可以。用心行走，不是旅行。用你的心去感觉你的脚步，用你的心去关注一个地方，一件事情，先把你的专注力找到，你一定可以。你内在的上师会引导你，每个人都有内在的一个生命。欸，我是不是回答偏了？

项明生：没有没有，讲得很好，讲得太好了。

陈　坤：嗯，我一般都是"跑"的，我就是一个容易"跑"的人。

项明生：今天很多年轻的朋友，很多香港也很多内地的朋友，在书里看到很多真实的陈坤，包括您刚才说的缺点和成长的过程，小时候比较贫穷和父母离异的过程，那么，来和咱们年轻朋友分享一下你是怎么走过来，怎么把这种负面的情绪变成正面的能量、种子的？

陈　坤：我很感谢那个时候我抱怨、不开心、嫉妒，我很感谢负面情绪在我身上留下的烙印。我不认为每个人生下来就是圣人，不要在我面前假扮你有多么从容、高贵、淡定，你生气就生气，嫉妒就嫉妒。我那时就是年纪小。为什么我是单亲家庭长大？为什么你们可以吃鸡蛋，我没有？我当然抱怨。但是我有一个好的地方在于，我把这种负面的因素转换了一下。第一个方面，我把它用脑子记下来，我是个记仇的人；第二，我要证明给你们看，我也不差。

有些时候在某一个内心能量弱的时候，你可以找到一个方法把它转换，变成鞭策你的力量。我很高兴我那时很较劲，让我培养出了一个好胜的状态。我十七八岁开始接触到一些佛教哲学，它教会我更高级的解决方式，就是穿越。负面能量出现的时候不要跑，比如我面对一次失恋，我以前的方式是千万不要提它。不，我后来学会的方式是，失恋这个事情出现了是吧，我就一直跟它面对面。

你就是失恋了，怎么着，很痛吗？很痛，但我不躲，这个时候雪球就不会越滚越大。你知道吗？当负面能量到你面前，我们大部分人是用转移注意力的方式，其实你给了更大的空间让你的负面能量变大，我们为什么不面对呢？虽然我也不能都面对，但是我知道这个方法了，就马上跟大家分享。

这个世界上有什么事情有那么严重到让你不能够面对的？最大的问题就是死亡，除了死亡呢？像我这样自恋的人害怕衰老，你们呢？想有钱的人害怕没有钱，位置高的人害怕没有位置，还有就是摄影师大哥在玩手机的时候害怕手机摔在地上……就是这样，因为你担心。但实际上当你直面的时候，没有事情会有那么严重。是不是？你仔细去想。就是因为失恋的痛，你才知道你曾经有多么的爱。如果失恋了不难过，那这一段就很快过去了嘛。

所以我们在生活里每一刻都在面对很多东西，我也曾经在长大之后把小时候负面的东西拿出来看，看我小时候有多么叽歪，多么龟毛。每次看的时候我都笑，我小时候太可爱了。曾经我会因为我的自私而讨厌我自己，后来我发现，不是只有我一个人有，而是大家都有，只不过多一点，少一点，我就很高兴了。

陈　坤：在我们的生命里没有圣人，只有接近圣人的人。在这一点上我们每个人都有个机会，有可能我们也可以接近圣人，接近最好的东西，但关键是我们要安静下来看见我们心里所有的问题，接受它，就有可能转变它。如果你逃避，你就没有机会抓住它，把它拧过来。所以，我就用了这样很笨的方法。就是这样。

项明生：所以您就是用了佛教中所说的“内观”的方法。

陈　坤：在佛教的修行方法中，对于我来说，如果找到了你的内心是二元世界。当你看到自己的内心，除了心之外所有的事情都是另外一个对立面：有的时候是用你的心面对你的工作，工作是对立面；有的时候你会看到负面的情绪，它是你的对立面；有的时候你看到憎恨的人，他是你的对立面。我的修行方式就是用我的心和外物二元对立起来，然后把自己内心的力量变大。

我有一个方式跟大家分享，内心力量弱的时候找到一个好的环境，通过环境作用在你的心上，叫作“心随境变”，主语是心。之后当你的心的能量大了，内在的智慧燃烧起来了，“境随心变”。所以我的方法来自很多宗教老师的教导和我自己很笨的体悟，我觉得还好，目前我还没有变成精神病。很希望大家有闲暇的时间，愿意去尝试的时候，可以跟我一起同行。同样，当你内心开始强大了，你会发现自己开始放松了。我在前几年是很紧张的，笑都是假的，就是我看到每个人就（作微笑状）。对不起，哥们儿现在没这兴趣陪你们玩，因为我要做我心里想反射的真实情绪。你们爱拍，你们就拍吧，你们不愿意拍，就说明你们不愿意接受我真实的样子。

那如果不是我真实的样子，我已经活到三十多岁，我拼命地挣了钱，挣了名，我还不能做我自己的话，我活着后半辈子还有什么意思呢？是吗？很安静啊。（观众鼓掌）但是其实你们不用鼓掌我也完全接受的。因为你们是我的外境，我心里已经接受了，你们给不给掌声对我来说都没有影响。

项明生：心不动的境界。

陈　坤：还没到心不动，如果心不动就变成一块石头了。我自己做了一个小的团队叫作东申童画，logo 是三块石头，“三”我认为是更稳定的关系，石头是踏实的，孕育着一切的光芒，金属、宝石，看大家怎么去发挥它，所以我很爱石头。

项明生：我看到你的书里写，除了记仇之外，你也很记恩。比如说，中学的时候谁送你一条人参，你也会写出来，同学里面对你比较好的事情你都记得。你觉得为什么人生路程里有那么多人都来帮你呢？

陈　坤：以前心态不好的时候，觉得每个人都是对我不好的；当我现在心态好的时候，每个出现的人都是我的贵人，因为没有人对我不好。我随便吃着火锅，要去香港做个书展座谈，就跳出个 YT 说，我帮你做吧；YT 今天来的时候就说“我跟你介绍志云兄”；我作一本书要结集成册的时候，费勇老师就出现了；紧接着还认识了天地出版社的社长，然后今天还有这么多人和我见面……你要知道为什么吗？因为我吸收到了所有好的东西到我身边，我出门都不会遇见抢劫。就算抢了，也告诉我，现在抢了可能是好的，因为后面可能有更严肃的事儿。我有一套完整的让自己乐观和愉悦的方式，抢了我就是塞翁失马，万一被撞了那不是更惨了吗？我相信，我能够吸引到所有正面的东西出现。

项明生：我看你微博里写过，今年 2012 年世界末日的话，你有什么书想要推荐给大家呢？除了这本《突然就走到了西藏》，这个肯定是第一本了。

陈　坤：我没有那么自恋，我的自恋只来自于我的容貌。你允许我继续这么自恋下去吗？今天记住这一刻对我容貌的喜欢，五年之后我容貌没有了的时候，你们就不会再喜欢我了，但对我没有那么大的作用，因为我的容貌只是为了虚荣我自己。开玩笑。首先我是不接受 2012 世界末日这个事情存在的，我不喜欢被告知负面的东西。假设全部都要死，我们应该高兴地度过每一天，是不是？每个人都会面对的就是死亡，不管什么时候。如果我们每个人都知道要死亡的时候，我们应该在死之前留下点什么有意义的事儿呢？你当然也可以哭着一直到死，或者放弃一切等待死亡，或者利用这个时间做点有意义的事儿。如果要推荐一本书的话，费勇老师推荐的是《金刚经》，我会推荐《西藏生死书》。你们每一年看一次，同一本书它是不动的，但你们每天在长大，智慧在打开，我相信很多朋友看了之后，会看到不同的深度。

观众提问：如果可以选择，你会选择现在的路，还是找个工作租间房子的路？

陈　坤：前两天我遇见一个非常糟糕的事情，我跟我两个弟弟一起去爬山，一上山的时候，我们还没有开始爬，我弟弟就特别“二百五”地跟我讲，他说：“你这个鞋穿错了，你这个包是老款，特别不好背。”我就非常认真地看着他说：“现在的一切就是最好的。”所以我要回答你的意思是说，不需要给生活那么多重新再来一次的假设，我们现在就是最好的。你（提问观众）未来长大遇到那个男朋友，也是最好的；你遇见了一只小狗对你微笑也是最好的；你遇见失业是最好的……一切都是刚刚好。当它不能够很强烈地影响你的时候，你对着镜子说五十次，“刚刚好，非常好，特别好，现在就是最好”，就这么简单，不需要假设。我只怕我再次出生还是个帅哥，还是会面对同样的问题。

观众提问：陈先生你好，你通过"行走的力量"鼓励年轻人不要看轻自己，那你在未来有哪些活动的计划？

陈　坤：我们去年第一次做行走的力量，我们是一个只拥有十几个人的小团队，财力、物力，还有我个人的影响力，在一切都很有限的这个过程里，我们开发了一个心灵的项目，对于很多人来讲，它也是很难做的事情，因为它太抽象了。去年，我们也通过策展中的图片和短片来让大家关注到这个心灵的项目。今年会继续走青海，我们这个很简单、有热情的团队想把事情继续做下去。

然后我也想要分享一个我孩子的事情。今年春节整个团队放假去泰国，我们在环岛游的时候，坐着摩托车，一个朋友带着我的孩子摔倒了，流了非常多的血，见到骨头了，对一个 10 岁的小朋友来说是很残酷的。我把他抱起来那一瞬间，我儿子说了一句话让我非常震撼，我认为我教育得非常好。他说："爸爸，这是一个考验吗？"我说对，这是一个考试。然后我们就开始找车去医院，那个过程也就 20 分钟，但我觉得非常的漫长，他一直流眼泪，没有哭出声。我跟他说，男子汉所有的事情就是接受考验，考验过了就过了，又不是要死了那么严重，但其实到了医院才发现，他的脚放在我身后，滴了很多很多的血。到了医院马上消毒、缝针，没打麻药，他一直咬着牙，我让他咬我的手，他咬了一下就放开了，说："爸爸没事儿，不就是个考试吗？"我就笑了。

骑着摩托车摔倒的那个同伴就跑进来满脸愧意，我就说，跟你有什么关系，你现在只不过是帮助我儿子做了一次他 10 岁的时候应该经历的一次考试，我应该感谢你才是。如果在生活中发生一件不愉快的事，我们大多的能量都在关注"为什么要发生这样的事儿"，我现在就是多了一个思维，为什么不感谢这件事的发生呢？是吧，有没有道理？我确定，我说的是有道理的。

观众提问：陈坤你好，你不用担心我的普通话，因为我是深圳大学来的。我刚刚买了这本书我是你的影迷，我发现内容让我想起《阿甘正传》里面阿甘跑了很久很久的情景，你觉得两者之间有没有异曲同工之妙？

陈　坤：我在刚刚当演员的时候，大部分的训练是为了更圆融、更懂事、更会察言观色、更聪明……我做了差不多10年演员的时候，我发现，我所学习的这些会影响到我真正的职业，演员是要用心演戏的，也就是说你在生活中怎样做人，也才有可能创作什么样的角色。我发现在生活中所有人都在扮演自己有多么的聪明，你不信你走出去对一个人说，你是个笨蛋，有多少人会花很长时间来解释他不是。但我越长大就越明白，有可能我们要学会笨一点，慢一点，做一点不是这个社会应该做的事情。我们做了太多这个社会叫我们应该做的事情，去争取第一名，去做最好的那一个，去买最好的衣服……有些时候我发现，像《阿甘正传》一样，我们在生活里需要笨一点，慢一点，做一点你愿意做的事情，我感谢你把我提到这样的高度，我也在寻找哪个导演愿意把我做的事情拍成《阿甘正传》呢？

观众提问：你说这本书是提升自己的心灵的，
但有很多人觉得心灵和物质是对立的，
就像你追求心灵的时候要放弃很多物质的东西。
比方说，很多人觉得帅的人就不会演戏，在香港、好莱坞，
很多人把自己弄丑，就能够拿奖了。但是我看到你的书，
就觉得你突破了物质和心灵的界限，你也代言很多品牌，
你也体现了自己的心灵，这两个是对立的吗？

陈　坤：我先回答后面你的问题，以前我觉得自己很帅，很多人觉得我不会演戏，我就拼命想要去证明，把自己弄得丑一点。突然有一天我觉得，既然我已经很帅了，那我就继续把“男花瓶”做下去吧，当我接受这个状态之后，我就比较轻松了，并且天天和人说我自恋，说自己是男花瓶，又怎么样呢？我不是问你，我是问我自己。曾经想要证明我有深度，我的深度是演出来的吗？我不是一直要证明我是个好演员吗？但是你的生活当中都没有听心里的声音。我的意思是，追求物质和心灵只是一个次第、台阶的问题，如果你把心灵和物质对立的时候，是刚刚开始的阶段，但对我来说，它们是完全没有障碍的。

我的意思是说，行走的过程中，不是真的要像僧人或者苦行者，到深山里放弃一切物质和一切外化的东西，单纯训练你的内心，一般人做不到。但是为什么有一句话叫“大隐隐于市，小隐隐于山”呢？你可以利用物质外化的所有障碍更快速地变为助动力让你找到内心，通过物质你也可以穿透物质，享受的过程中要享受清贫的内心。比如说你吃一碗米饭就可以吃饱，你非要点二十个菜，这就叫不清贫的心。

在生活中，如果你穿一件衣服就好了，你非要买三件，另外两件就是你没有保持清贫的内心。如果有机会要看看宗教类的书籍去了解一下，我是脑子太快但嘴巴跟不上的人，我再这么说下去，我会口吃。我的意思就是说，这两者不对立，就好像漂亮跟会演戏没关系，很多我尊重的演员既漂亮，又会演戏。

观众提问：坤哥你好。

其实大家对您“行走的力量”都很关心，

我想代表广大的“坤迷”朋友问您一个问题：

在去年的广州签售会上，你说到会做一个话剧，

我想知道，说好的话剧，什么时候能公演呢？

陈　坤：所以承诺就是需要兑现的。我们每个人说一句话，就要最快地实现它，以此显得我们做到了。但是对于我来讲，我的梦想就是要做话剧，现在正在进行当中，有可能今年只是进入排练阶段。我花了大部分时间让自己先放松下来，无事可做，就是失业，这种失业让我享受一个 10 年密集的演员生活之外，真正作为一个“人”的生活，寻找最朴实的、不那么计较名利的团队、剧本。

观众提问：陈坤先生你好，
我是来自陈坤国际影友会的一位新的影迷，
但我喜欢你已经有十几年了，从我小学三年级看《金粉世家》，
到现在。第一次见您是在澳门《龙门飞甲》的首映礼上，
当时您是以演员的身份来出席活动，这一次是我第二次见您，
您是以作家、行者的身份来出席活动，
虽然两次都是在很多聚光灯底下，但是我想请问，
您对自己身份的转变有什么感想？
演员跟作家、行者有什么联系，或者不同的地方？

陈　坤：其实我拿捏得都不太好。对于很多人来说，我的第一身份是个演员；但是对于我来说，我的第一身份是个人，我是一个普通的人，跟大家一样，会吃饭，会撒尿，会失恋……你们面对的所有的事情我都会面对。我做了 10 年演员之后想要回到做“人本”的概念，确实前一两年会出现一个矛盾，回到生活中就比较自然，确实分寸拿捏不好，练习得还不够。包括到今天为止，我刚刚上洗手间的时候，我团队的人说，我天天跟你在一起，怎么觉得你在台上跟在下面还是有点不一样？我说 :“哎呀 , 还没有练得很好。”

在接下来的时间段里，我会更努力地呈现我更真实的样子。每一个看电影或者喜欢我的人，你们喜欢什么样的陈坤，我是不知道的，我也做不到，因为我没有办法跑到你们每个人脑子里面，把你们想要的样子综合起来，所以送给你们最好的礼物，就是做我应该做的样子，好不好？我觉得，我们每个人都在追逐我们假想的那个人，其实我完全没有那么好，你要在生活里看到我的样子，你马上调头就走了，你们只是被你们期望的那个人吸引了。

“真实的丑陋比虚假的繁荣美一千万倍”，就是这样。 我只是在提醒你们，不要喜欢错人了，有一天你们会发现，“原来他这么普通”。我就是普通到在生活里不刷牙洗脸，你们听到马上就疯了。

观众提问：《突然就走到了西藏》是你一系列书的开始，还是就到此为止了？

陈　坤：我今天很诚实地回答你，我开始计划我下面的书，但是我并不确定下一本书还有这么单纯写作的内心，我没办法隐藏这个。有感而随意写，不是为写书而写的，跟你要写一本书，脑子里有框架、命题了之后而写的书，是两个层次的。你内在的感觉不一样，它不流动，我害怕，但我试试吧。

谈天。

陈坤·慕容雪村：出发，是为了更好地回来

2012年7月29日

北京　某大厦

如果穿越，你想回到哪个时代?

陈　　坤：你看过《午夜巴黎》这部电影吗？

慕容雪村：我知道，伍迪・艾伦导演的。

陈　　坤：那个老东西，他太high了！主人公深夜里坐上一辆老爷车，穿越到二十年代的巴黎，碰见科尔・波特、菲茨杰拉德、海明威、毕加索、达利，和那些牛人们碰撞，你可以看到伍迪・艾伦有多有趣。

慕容雪村：假如有时光机，你愿意回到哪个时代？

陈　　坤：战国。

慕容雪村：做个诸侯吗？

陈　坤：不，做个门客。我给你讲个故事：一个城主，有几千门客，其中一个武功平平，平时并不起眼。有一天，邻国来攻城，所有门客都跑了，这个人站出来对城主说："我去为你拿下对方。"回到家中，他把妻子和三个孩子杀死，带着妻儿的尸体"投靠"对方。之后，他连续刺杀了三次，都没有成功。第三次失败时，对方城主说："我尊重你的品性，所以不杀你。我给你万亩良田，你回去把原来的城主杀了。"门客看着他，用很轻的声音说："你太小看我了。"然后自杀了。这个故事让我振奋，你看这个人，他武功不行，计谋又不行，但他的气节，让他美成那样。如果可以穿越，我愿意回到战国时代，做一个门客。你呢？

慕容雪村：我更想回到开元天宝年间，在长安城中开一个小酒馆。来我店里喝酒的，都是那个时代最不靠谱的人，饮中八仙都是我的常客，李白会在我的墙上题诗，杜甫会捏着酒杯忧国忧民，张旭会拿毛笔蘸着酱油汤在我的门板上草书。没有顾客上门，我就搬个板凳坐在门口，看街上行人如织，在那个时代，无论文人墨客还是贩夫走卒，都带着一股盛世诗人的气质。还有杨贵妃和她的姐妹们：韩国夫人、虢国夫人，以及更多的肉感美女，她们带着满头珠翠摇摇摆摆走过我的小店，这情景想想就很迷人。

陈　坤：如果在战国，做一个门客，我希望遇到的都是很靠谱的主儿。哈哈。我希望平时无所事事，喝酒聊天，读书练剑，一旦有事，就痛快淋漓，视死如归。

慕容雪村：有空的时候请到开元天宝年间来看看，我请你喝酒。

陈　坤：我是一个很容易被美好的东西拉走的人，也就是说还不够有自己的态度（自嘲地笑）。我这个人是，外部的环境艰苦一点，才能激发我的存在感。如果回到战国，我永远在一个纷飞的状态里面，到处去投奔，讨口饭吃，看人脸色，但是我依然要保持心里的一个态度。等我的心更强大了，我就到唐朝找你去。

慕容雪村：去年冬天我去了一趟欧洲，重点是东欧，拉脱维亚、立陶宛、波兰、捷克，我对这些国家比对西欧更感兴趣。在波兰，我去了著名的死亡之地奥斯维辛，在那里逛了 5 个小时，感觉像大病了一场。在奥斯维辛的一号营区，共有 130 万人被屠杀，我看到了各种颜色的头发——死者的头发，堆成一座高山；各种各样的眼镜、假肢，堆成一座高山；还有小孩的鞋子，就这么大，也是堆成了一座高山。在死人的焚化区，一所四壁乌黑的房子里，我看到了一行字："到了此处，请对生命保持静默。"当时那房里有很多人，没有一个发出声音。

在庭院中的某个地方，我看到了一位七十多岁的白人老太太，她面前有一根柱子，柱子上插着一朵小小的黄花，她看着这朵花，泪流满面。我不知道她是什么人，或者是当年从奥斯维辛中生还的孩子，或许她的亲人曾惨死在这里，但这一定是个悲痛的故事，这悲痛或许已经伴随了她一生。

就在这时候，我在比利时的经纪人给我发来一条短信。她说："我也是犹太人，我家族有一半人都死在了奥斯维辛，你到了那里，请记得替我向他们问好。"在那种时候，那种地方，看到那样的话语，真是眼泪都要下来了。奥斯维辛一带的景色很美，平缓的丘陵，色彩缤纷的田野，红叶落满道路，枝头挂着红色的果实，走到那里，你会情不自禁地想："这么美的地方，怎么可以流这么多血、死这么多人、有这么多的野蛮与残忍？"

陈　　坤：我看到的是，一切的核心都是因为一个念头而起。我们假设这个事情是因为一个人造成的，假设希特勒小时候是被犹太人在情感上有过一个小小的伤害。什么叫作蝴蝶效应？你看一看，这就是结果。如果我们可以把所有的事件往回推，我们回到二次世界大战，回到核心，回到希特勒的童年。每个人身体里都有正能量跟负能量，他的负能量被激发出来，煽动了周边的人，最后造成这么大的灾难。对不起，我瞬间回到那个时空。

现在你再问我想回到哪个时代，我想回到希特勒童年的那个时代，我会带着现在最好的玩具去跟他聊天，我希望跟他做个朋友，告诉他和平与爱的美好。

慕容雪村：假如可以回到纳粹的时代，我可能没有勇气去做一个犹太人，但也绝对不会去做党卫军。我可能做一个普通的市民，可能会做点小生意，但不会打出"犹太人与狗不得入内"的招牌，如果反纳粹的人士在我这里聚会，我也不会去告密。我不一定有反抗的勇气，也不一定会公开地表达意见，但在心里，我知道应该站在哪一方。

陈　　坤：你是善良的，看我多取巧，我想回到希特勒最弱的小时候，那样我所有的手段都能使到最好。

行走是本能

陈　　坤：太有趣了，从昨天开始就在想这次聊天，会谈到什么话题……

慕容雪村：我也是昨天才接到费勇兄的电话，他说突然有个念头蹦出来，想在这本书里开辟一个“谈天”的栏目。

陈　　坤：我喜欢突如其来的念头，没有预设的，也许会发生有趣的事情。

慕容雪村：你写的书《突然就走到了西藏》，很多人以为是精心策划的。

陈　　坤：完全没有。就是把西藏行走中的感触和思考写了下来，没想到成了一本书。

慕容雪村：这本书的正面影响力很大，我身边看过的朋友都很惊讶，没想到你这么敢写。

陈　　坤：我书里有一句话——“真实的丑陋比虚假的繁荣美一千万倍。”

慕容雪村：很少有人能理解到这一点，更别说做到。你这一点让我很敬佩。

陈　　坤：（搞怪的表情）

慕容雪村：你刚才讲到“突然”的念头。7年前，我突然想离开北京，去西藏住一段时间。说起来，还有件有意思的事。今天我不是第一次见到你，2005年，我在拉萨的“玛吉阿米”吃饭，听朋友说你也在，我还过去看了一眼。当时我认识你，你不认识我。

陈　　坤：2005年，我正在拉萨拍《云水谣》，这是缘分，你看。你在西藏住了几年？

慕容雪村：从2005年到2008年。租了一套房子，过着“藏漂”的生活。

陈　　坤：藏漂，太牛了。

慕容雪村：我觉得人生一世，什么权位名利，都不是很重要，更重要的是你的经历和视野，在死之前，我可以自豪地说：“我这一生去过哪些地方，见过哪些人，做过哪些事”。人生于世，就该到处走一走，看一看。我在藏区走过很多地方，看过雪山，看过高原冰川，看过许多亘古无人涉足过的地方。有一次，大概是2006年的秋天，我们从拉萨去尼泊尔。过了聂拉木，到了喜马拉雅山南麓，荒原不见了，看到的是一个深绿色的世界，每座山上都是云雾缭绕，长满了高高矮矮的树，那里雨水丰沛，有时一座山上会有上百条瀑布，我们的车常常会从瀑布里穿过，就像是开进了水帘洞里。

我们停车小憩，我一个人往山上爬，听到的只是水声和鸟鸣声，感觉像是离开了人间。在云雾深处，我走到了一片杉树林，树木高而挺直，高耸入云，身边云气弥漫，突然看到了几十朵大红花，每一朵都有碗口那么大，深红色，在潮湿的林中静静地开着。在那个瞬间，你会不相信自己的眼睛：这是真的吗？这世界怎么会这么美？

陈　　坤：你说的那个地方，如果把它搬到电影里，观众会觉得这是假的。这个世界，如果我们没有亲身经历，有多少大家认为是假的？其实不需要去花时间研究什么叫实象，什么叫虚象，更重要的是，观察你的心感受到了什么。

慕容雪村：在拉萨的时候，我常常会走到大昭寺门前，和各地来朝圣的藏民闲谈。有次遇到一个青海来的老人，65 岁，老婆死了，也无儿无女，在三年之前，他变卖了所有牛羊，一路磕长头到拉萨。这一路要经过大片高寒无人地带，困难超过所有人的想象，有几次他差点死了，靠着路人馈赠的一点糌粑和雪，他又坚持着活了下来。到了拉萨，他把缝在内衣里的钱捐给寺庙，天天在大昭寺门前磕头。我见到他的时候，他的额头看着就像皮鞋的鞋底，手脚全都开裂，他跟我要两块钱，说有了这两块钱，他就可以去吃点东西。我问他为什么要这么做？他没回答，一直在笑：挺好的呗，挺好的呗。

有人说，这是修来生。我不知道有没有来生，但我相信，当这老汉走过风霜雨雪的路程，他将体会到我们体会不到的艰难，也将体会到我们体会不到的幸福。

陈　　坤：这是信仰的力量。

慕容雪村：世界上最痛苦的事情不是饥寒交迫，甚至也不是疾病和死亡，而是完全丧失自我。而这就是行走的意义，我们行走，我们寻找，直到遇见自己。

陈　　坤：我常说行走不光用脚步，更重要是心的行走。

慕容雪村：我知道你们今年又走到了青海。

陈　　坤：今年 8 月底要去青海的阿尼玛卿山，用 9 天的时间转山。今年志愿者与去年不同的是，在行走结束后要留在青海做半年的支教。

慕容雪村：很多都市人也许会在心里计算：离开半年的时间，失去多少晋升的机会，对未来的事业会有怎样的损失。但我认为这是很有意义的事，在匆忙的人生里，有时候需要停下来。

陈　　坤：我 10 个月没有拍戏，是在停下来观察自己的心。我的思维是这样的：所有的一切都是在帮助我打开心里的那个东西。

慕容雪村：这个其实是很有意思的话题，当身边嘉宾如云的时候，学会欣赏孤独是一件特别难的事情；当身边热闹喧哗的时候，学会欣赏寂静就是件了不起的事；当这个世界，人们拼命地追名逐利，拼命地求快、求多、求好，这时候就需要有些不识时务的人，停下来，问一问："我究竟要的是什么？"在一个高歌猛进的时代，走慢一点，你就会发现这个世界的不同。

当思维停止，心性会出现

陈　　坤：今年 5 月份我们在西宁完成了一次城市行走，是今年“行走的力量”启动仪式。我和几千个志愿者在西宁城市里行走，全程是禁语的。黑压压的一片人，没有太多人说话，每个人都在关注自己的呼吸，过滤自己内心的浮躁。到达终点的时候，每个人脸上的表情都不同了，安静会给人一种奇妙的力量。

慕容雪村：不是每个人都能做到禁语吧？

陈　　坤：即使在人群里，每个人都是在自我修行。我希望的是，在行走这个很单纯的事情里停止说话，把注意力放在一个点上面，通过行走，练习你的专注力。当你的语言停下来，其他的感知就会灵敏。

慕容雪村：最重要的不是不讲话，而是让心安静下来。

陈　　坤：这里面有一个更有意思的话题：当思维停止的时候，心性会出现。每个人都有一个修行的方法，我唯一的方法就是打坐。我从 18 岁开始打坐，什么都不想，只专注于呼吸。有天上午 9 点多开始，一“回来”已经是下午 3 点多了。我完全进入了一个未知的地方，从来没有进入过的状态。那次以后我才发现，一个人安静地待着，也是非常有趣的。

慕容雪村：有一次，在喜马拉雅山南麓，我去了米拉热巴的修行洞。米拉热巴是十世纪的藏传佛教圣人，传说他会飞。走进那个山洞，我没戴头灯也没拿手电筒，里面特别黑，我走了几十步就感觉有点害怕，没再敢往里走，就在原地坐下。那时已是黄昏，山头隐约能听到狼叫，身后的黑暗中有一些窸窸窣窣的声响。我在黑暗中坐了半个小时，想到了许多平日来不及想的事情，仿佛在黑暗中打开了一扇光明的门。

陈　　坤：1999 年的时候，我还是个学生，曾住在荷兰阿姆斯特丹的一个农舍里。有一天早上，我 5 点多就醒了，把木头的窗户打开，楼下有一个老太太在练瑜伽。她告诉我，她去世的丈夫是印度人，是一位瑜伽大师。她早年去印度学习瑜伽，拜他为师，并且嫁给他。丈夫去世后，她一个人回到了荷兰，每天都在坚持练瑜伽。那几天，我就跟老太太学瑜伽。十几年过去了，回头想想，她只教会我一件事情，就是“专注”。当你专注做一件事的时候，你是愉快的。

慕容雪村：现代人很少能找到这种感觉。

陈　　坤：很多人害怕安静。到了无事可做的时候，就会找事情来填充这个时间，不会定下来放松待着，其实那个时候很有趣。我认为写作的人有一种奇特的专注，有时候会进入到心神合一的状态。写过之后再回过头看，会觉得，这是我写的吗？

慕容雪村：我在写作的时候，偶尔会进入一个状态，会情不自禁模仿我的人物说话。在那种时刻，虚构的世界和真实的世界混在一起，无始无终，也没有界线。

陈　　坤：我们演员是这样的，被安排进一个假的场景，我们要演成真的。很多演员只是屏蔽掉周围的人，并没有进入心里的世界，演完那场戏就出来了。其实演员还有一个更蠢的方式，就是那 3 个月全部在里面。

慕容雪村：你用演戏来练习专注，我用写作来练习。

陈　　坤：对我来讲，写作就是将积累的感受，在安静的时候落于笔端。比如，小时候父亲跟我说话的场景，我写的时候只要放松，让文字随心所欲地流淌出来，那不是很 high 吗？

慕容雪村：你用的是最“简单”的方法。简单看似容易，其实比复杂更难。

陈　　坤：我非常喜欢乔布斯的一句话：“你必须努力让你的想法变得清晰明了，然后变得简单。一旦你做到了简单，你就能搬动大山。”

武士道精神

慕容雪村：现代人追求复杂，是因为缺乏安全感。整个社会处在一种浮躁的氛围中，很多人都在做一些急功近利的事情，完全不管明天怎么样，只要今天赚钱就好了。

陈　　坤：这是恐惧感导致的。

慕容雪村：是的，同样面对恐惧感，也有人会选择另外一种活法：哪怕我明天要死了，今天也得把事情做好。这个是很了不起的。有一个英国作家叫希金斯，他写了一本书叫《上帝没什么了不起》，书里有一句话写得特别好：人们害怕死亡，所以会编出种种理由来对抗死亡。但正是因为有死亡，我们仅活一次的此生才显得如此美丽。

陈　　坤：你看有些岛国，资源贫乏，常常要面对火山爆发、地震和未知的东西，这就产生了一种奇特的文化。他们喜欢刹那间的纯粹，知道美不会永远存在，所以珍惜片刻出现的璀璨。

我小时候学下围棋，老是被老师打。我的老师是个老头儿，他有一套关于围棋的骄傲和贵族感的思维方式。我跟他下棋的时候，下到他只有一口气了，我还要竭尽全力地把棋走完。我的老师就说："在对方已经完全不可能有气的情况下，你为什么还要杀鸡取卵地把棋全部走完呢？"我才明白，在那个过程里面，我不高贵。围棋的高雅之处在于调和，野棋是什么？下到死。

慕容雪村：中国一直有这种教育，所谓君子有所不为。

陈　　坤：你看中国古代的贵族，打仗的过程里，更多的是制约，你动，我才动。很多事情，他们是不做的。

慕容雪村：他们有底线。

陈　　坤：一位剑客击剑而歌，为没有对手而悲伤。有些人是什么呢？以欺负弱者来显示自己的强大。算个什么！我个人比较崇尚武士道精神，他的内在是高贵的，修行的是自己的道。

慕容雪村：武士道精神与战国时期"重义轻利，不惜以死"的精神有些传承关系。你看先秦典籍，会觉得那时候的人跟现代人有很大分别，如果说中国历史上真有过一个不怕死的时代，那大概就是战国。为了友情，可以死，为了家国大义，可以死，甚至为了一句话、一个承诺就可以死。现代人未必会赞同这样的行为，但还是应该知道，活着并不是唯一值得追求的事，有时死亡也同样高贵，甚至更加高贵。

陈　　坤：战国时代是一个重武尚义的时代，很多人后来讲中国人没有血性，在战国时代不是这样的，一言不合就拔剑相向。有时候是为尊严，有时候为了不负所托，可以去死。像"程婴救孤"的故事，在中国古代并不罕见，现代观众却很难理解，人怎么可能把自己的孩子换出去送命？

正念的影响力

陈　　坤：我前段时间看了一本书叫《天才在左，疯子在右》，是同事推荐给我的，我们在一起经常会讨论一些“神经病”的话题。

慕容雪村：每个人多多少少都会有精神躁郁的症状，我们很难断言自己是完全的正常。总谈过恋爱吧？其实谈恋爱就可以被视为一种轻微的精神病的。《天才在左，疯子在右》那本书里讲的很有意思：有个人跟石头说话、跟草说话、跟每朵花说话，人们的第一反应他是个精神病，不过只要稍微换个角度，这行为就会有相当的美感，有一句诗就是这么写的：把心事告诉一棵树／树上就会开出花来。如果让心理学家来分析，这位诗人跟疯子离得并不太远。

陈　　坤：我的一个朋友做过这样的实验：用 3 碗米饭，每天分别对它们讲不同的话。第一碗你对它说“我爱你”，夸它；第二碗不理它；第三碗骂它，讨厌它。每天说几遍然后放在冰箱里。10 天后，特神！第一碗洁白如新，第二碗有点腐坏，第三碗会满长绿毛。

慕容雪村：我对这个实验始终有疑问：为什么你骂一碗米饭，米饭就会自暴自弃呢？

陈　　坤：（笑）我们的言语中带有一种情绪，当你赞美米饭时，其中的正能量会影响它；你骂它的时候，尖酸刻薄的负能量也就带出来了。佛教里讲了“一切为你所造”的道理，世界就是由我们的心创造的。

慕容雪村：可以换种办法再试一次：用友善的态度对米饭讲恶毒的话，然后用恶毒的态度对另一碗米饭讲一些友善的话，看它们会有什么样的变化。

陈　　坤：爱与恨的字眼不重要，关键还是情绪，也就是你心里的能量是怎样的。

慕容雪村：所以要把希特勒和未来的希特勒们变成一碗能听懂好话的米饭。

陈　　坤：世上所有的事情都是相对的，能够造成这么大效应的“蝴蝶”，应该是很了不起的。在我的心里，所有人都有可能成为希特勒，所有人也可以成为佛陀，本质没有差别。我跟你来做一个探讨：我做“行走的力量”，一个关于心灵辅助的项目，它的基点来自于一个念头。我小时候是个自卑的人，不说话，观察任何人都是怀疑的。突然在某一天，我遇到了一个潜在影响我的宗教哲学，把我朝正面的方向引导，让我不断修正自己，成为今天的我。连我都可以，其他人更能做到了，那我为什么不把这个正面的力量传播给他人！

慕容雪村：我小时候也很自卑，我出生在中国最穷的家庭，父亲一字不识，母亲也只有小学三年级文化。有很多年我都为此自卑，很少跟人谈及自己的家庭，直到很多年之后，我才知道，这一切，贫穷和艰难，都是我人生的财富。

陈　　坤：走过磨难之后，才能体会它的珍贵。同时你会知道，你经历的一切，都是在为今天的强大作准备。

慕容雪村：斯蒂芬·茨威格在《昨日的世界》中写过一段话，跟你刚才说的差不多，原话我记不清了，大概意思是：很多年后，我不再羡慕平静、顺利的人生，那将使人忽略人间的痛苦和命运的艰险。只有经过黑夜，才能知道晨光之可贵。只有经过了艰难困苦，才会知道人类拥有多少战胜艰难的力量。挫折和磨难让我们超脱于自己的狭隘人生，体会到时代的苦难与欢乐……

陈　　坤：我个人比较喜欢海明威，他一生所实践的，就是面对黑暗时不屈服的从容与勇气。

慕容雪村：海明威一生经历非凡，参加过西班牙战争，去非洲打过狮子，在大西洋的狂涛中捕过鱼，他见过无数苦难和艰辛，但他死前的遗言却是这样一句话：这世界是个好地方，值得我们为之奋斗。

陈　　坤：所以从另一个角度看，悲惨并不是坏事。

如何对待名利?

慕容雪村：我早年崇拜鲁迅，现在则越来越崇拜胡适。在他们的时代，鲁迅看到了社会的黑暗和人性的蒙昧丑恶，他选择不留情面地批判，有时甚至可以称为痛斥。胡适也看到了这样，他也会批判，但更多时候却选择从美好的方向加以引导，以平和理性的语言来告诉他的读者，他的学生，怎样做一个好人和好公民。

陈　　坤：你讲到了一个佛法里的“中道”。“常是一边，无常是一边，常无常是中，无色无形，无明无知，是名中道诸法实观。”

慕容雪村：民国先贤，比如陈寅恪和胡适他们，都有了不起的学问和见识，有些堪称“学究天人”，今天的学者很难与之相比。但我们处在一个更好的时代，信息更发达，资读更便利，为什么在学问上差距这么大？我想，很大一个原因就是我们的教育制度，从小学到大学，16 年的教育，有很大一部分都是垃圾，甚至是毒药。我最近遇到很多国外的同龄人，他们有许多都精通几门外语，而我连唯一的英文都说不利索，为什么会有这么大的差距？其中固然有天赋的原因，但更重要的还是要追问我们的教育制度。

陈　　坤：前段时间我去《新周刊》发了一个奖，领了一本民国小手册，有一些老读本，里面谈到民国教育，非常有价值。

慕容雪村：我曾经看过一套民国元年（1912 年）出版的小学教材，全是蔡元培这样的大家编的。其中有一个少年的故事：少年在军营中担任鼓手，有一天作战胜利，将士们一起庆功。主将对少年说：“你也劳苦了一天，喝杯酒吧。”少年说：“对不起，我离家的时候，母亲严令我不许饮酒，因为我的父亲就是酗酒而死。”副将故意吓他，说主将说话你都不听，现在给你两个选择，要不然就喝酒，要不然就军法从事！少年答：“虽然主将有令，但我还是觉得慈母之命不可违，而且我也没听说过有这样的军令，不喝酒就要处斩。如果这是真的，我甘愿受死。”那位主将比现在的很多领导要通情达理，不但没有责罚，反而提拔重用他。从这个故事里就能看出，当年教材所传播的东西与今天是不同的。

陈　　坤：我在听故事的时候，会有一个代入感。你们看事物的方式可能是外在的研究，我的方法就很“二”了：“我就是他，会怎么办？”这也是我内心行走的一个经验。我经常问自己：“陈坤，你现在做的事情是什么？你对名利继续反思了吗？并且我会问自己，我是谁？被大家认识的这个我，是真的吗？以前那个没有名利的我去哪儿了？”

慕容雪村：陈坤，你讲的这个特别好，“我首先是陈坤，其次才是明星，是个演员。”我在几次演讲中都谈过这个话题：我首先是个人，其次才是别的什么；我首先是我自己，其次才是我的社会担当。

陈　　坤：你看过一部英国剧集《黑镜子》吗？

慕容雪村：里面讲到首相在直播间里跟猪做爱。

陈　　坤：最震撼我的不是这个事件，而是这个事件之下民众的反应。刚开始所有观众是多么期待，看到首相在电视里出丑。在任何国家都是仇富和仇权的，英国依然。当他们看到一个穿着首相外衣的人，不得不跟猪做爱的那一瞬间，他们的批判态度终于有了宣泄的出口。可是到最后，当观众把首相看成一个男人的时候，每个人的表情，那个转换，才是美的。

慕容雪村：当民众明白他们是同等的人，人们的视角才会转变。

陈　　坤：之前别人总是讲："你一个明星怎样怎样……"人生如果有 100 年，我已经用了 36 年。你怎么能因为二十几岁的时候给我一件衣服穿，我就要为了这件衣服付诸一生吗？我就被它带走了，变成衣服吗？不是的，这个衣服应该是来美化我的，以此让我穿上下一件更好的衣服。我想说，名利就是一件衣服，你们都以为是真的，其实它不是真的。

慕容雪村：这个道理简不简单？很简单，但是很多人活到死都不明白。我们的宣传和教育始终在强调一个主题：你不是你自己，而是集体中的一员，你活着的最大意义是为社会、为国家作贡献。现在我们知道，为他人奉献的精神值得赞美，却很难要求每个人都这么做，而在这之前，还应该有个主题：我应该先做好自己。所以你的那个意识很了不起。我认识到我是个人，那么就应该像个人一样，来考虑我的行为，来规划我的生活。认识到这一点，很多问题就迎刃而解了。

陈　　坤：我去年在西藏行走，爬一座最高的垭口时，所有人把最大的能量全部放在了向上爬的过程中。当筋疲力尽地到了垭口时，所有人开始松懈，就我跟孙冕两个人还保持体力，我们知道后面还有路。到了下山的时候，山路非常难走，每个人脸上写的那个不愉快、难过、接受不了、疲乏……当我看到大家的状态时，悟到一个东西：每个人都以为最大的障碍是爬山，就像我们年轻时候，所有的能量都在争取最好的名利，最好的社会存在感，最好的社会认可。等到上去了，已经用光了所有的能量。好，如果我们现在回过头去假设，在我们最火的时候，站在山顶的时候，如果有人来提醒我们，这一切是如此的虚幻，我们就可能观察到，名利的真正含义，同时也会明白该如何面对它。

慕容雪村：这个问题很有意思，如何看待俗世的名利。特别是当今这个社会，被现代商业过度包装出来的名利，被很多人当成了一切。

陈　　坤：甚至当成信仰了。

慕容雪村：在你身边，这样的人会更多。现在有几种人：第一种人把名利当成人生的全部，所以不计代价、不计后果、不择手段地追逐名利；第二种人能够认识到名利对人的影响，会有意识地抵制它。后一种人要比前一种人更清醒一些，但还有更好的做法：正确地认识名利，然后学习如何善用它。

陈　　坤：这也是一种中道。

慕容雪村：你的直觉很好，你想到这一点，而且你正在做。有了知名度之后，用你的影响力把人们往正面的方向引导。

陈　　坤：我很感谢，真的。我做“行走的力量”，曾经有很多人跟我讲，你为什么要做一件我们觉得没那么重要的事？特别是娱乐圈的朋友问我：“唉，你干吗要做这个？”如果他们了解到我们今天聊天的内容，他们就会明白为什么。因为我是一个人，我有自己行走的方式，“观照”内心的方式。就像刚才讲的那个藏族老人，他磕了 3 年的头，这个过程，你去辨别和评判它都是不对的，因为你只看到结果，你没有体悟磕头的过程。

出发，是为了更好地回来

陈　　坤：我刚来北京的时候在东方歌舞团，那时候，一帮朋友天天出去玩儿，我很少跟他们去，因为我没钱，很穷那时候。有一个刚认识的女孩儿说：“长那么帅，还这么自私！”我被这句话“嘭”地打了一下。我自私？回到家我一直在想，我自私吗？我花了将近一年的时间，来证明我不自私，为此还借钱请他们吃饭，多么愚蠢啊。终于有一天，我在打坐的时候明白了，大概叫醍醐灌顶吧。自私是每个人都有的，只是多跟少而已，我不需要纠结在这样一个大家都有的事情上。从这个事情上，我也明白一个道理，“烦恼即菩提”。

慕容雪村：我看过很多圣徒的传记，即使像耶稣、穆罕默德、佛陀和圣法兰西斯那样的人，他们身上也会有些恶的成分，只不过，他们会尽量克制那些恶的成分，不让它有苗头以及变成行动的机会，而更多用慈悲和清凉之心来约束自己，并把慈悲和清凉带给整个世界，我想这是他们成为圣人的原因。

陈　　坤：我们回到人的本性。古人讲，人之初，性本善，也有人说“性本恶”，我不讨论这个话题。我想说，你去奥斯维辛集中营，每个人脸上带的表情，那是人的本性，是心性。那一刻不需要有人教你，你自然就生起了敬畏或默哀的心，那是天性。

慕容雪村：论起做人和修为，需要两种东西：学养和直觉。你有很好的直觉，有时候仅凭直觉就可以触及某些道理，而对我这样的笨人来说，就需要用很多笨工夫，要多读书，多思考，才能明白一点点道理。有好的直觉就该善用直觉，直觉不好就要多用功、多读书，但读死书很容易读成书呆子，这是我应该警醒的。

陈　　坤：我很敬佩有阅读习惯的人，因为我自己读的书不够多。不过，有些书我会经常读，比如《西藏生死书》。每年都在看，我看的并非是书里的内容，而是我的变化。

我有一个经验跟您分享：“不执着于外相”，这是我自己的方法。假设要过一条河，怎么过去的不重要。同样地，以手指月，别执着在手上，看到月亮就行了。

慕容雪村：你看过电影《楚门的世界》吗？

陈　　坤：每个人都是演员，在扮演不同的角色，只有男主人公一个人被蒙在鼓里。

慕容雪村：我小时候老是想一个话题：如果我身边的人都是特务怎么办？如果他们都是鬼怎么办？越想越恐怖。现在凭理性知道，基本上不会有这种事，但再往深里想一想就很难说，假如在无限高处，真有那么一个东西，或者意志，世人称之为“上帝”的东西，它创造一切，决定一切，主宰一切，那我们怎么知道这一切不是事先安排好的？我们怎么确定自己是在独立地生活和感受？事实上，我们很可能就生活在“楚门的世界”里。

陈　　坤：当一个人有适度怀疑的时候，智慧就产生了。但是对我来讲，结果并不重要，就像我们刚才在时空里穿越，并不能改变什么，重要的是，我们看到心里的善念。不管时空如何，心性是不变的。

慕容雪村：我们在话语的世界旅行，去过春秋战国，去过开元天宝年间，也去过黑暗残忍的年代，现在我们回到原来的世界，发现黄粱还未蒸熟，而你还是陈坤，我还是慕容雪村。

陈　　坤：我们今天的话题如此有趣，行走在时空穿梭里面，那我们为什么不回来做更有趣的事情呢？对我来讲，出发是为了更好地回来。

慕容雪村：每一次行走都会有其终点。当我们回到出发的地方，应该思考的是：我应该做些什么？我应该成为一个什么样的人？在仅活一次的此生，在短短的几十年中，我们作出什么样的选择？我的志愿是：多做一点事，尽可能让自己成为“文明”的一部分，或者至少，应该活在文明之中。

陈　　坤：带着一个善念回来，继续行走。对于我来讲，真正的行走是不着外相，而是随心，不要被杂念限制住你的心。

诗想。

吉狄马加　献给这个世界的河流

献给这个世界的河流

吉狄马加　彝族　著名诗人　现居西宁

我承认
我曾经歌颂过你
就如同我曾经歌颂过土地和生命
在这个世界上
不知有多少诗人和智者
用不同的文字赞美过你
因为你的存在
不知又有多少诗篇
成为　人类的经典
诚然不是我第一个
把你喻为母亲
但是你的乳汁却千百年来
滋养着广袤的大地
以及在大地上生活着的人们
我承认
是你创造了最初的神话
是你用无形的手
在那金色的河岸边开始了耕种
相信吧，人类所有的文明
都因为河流的养育
才充满了无限的生机
我们敬畏河流，那是因为河流是一种象征
它崇高的名字就像一部史诗
它真实地记录着人类历史的进步和苦难
我们向文明致敬
实际上就是在向那些伟大的河流致敬
是河流给了我们智慧
是河流传授给了我们不同种族的语言和文化
同样也是河流给了我们千差万别的生活方式和信仰
我承认，河流！你的美丽曾经无与伦比
就像一个睡眠中的少女
当你走过梦幻般的田野
其实你已经把诗歌和爱情都给了我们
相信吧，在多少民族的心目中
你就是正义和自由的化身
你就是人类的良心和眼泪
你帮助过弱者，你给被压迫者以同情
你的每一罐圣水，沐浴的是人的灵魂
你给不幸的人们
馈赠的永远是生活的信心和勇气
我承认，人类对你的伤害是深重的
当我们望着断流的河岸
以及你那遭到污染的身躯
我们的忏悔充满着悲伤
相信吧，河流！我们向你保证
为了捍卫你的歌声和光荣
我们将不惜献出自己的生命
河流啊，人类永恒的母亲
让我们再一次回到你的怀中
让我们再一次呼唤你的尊严和名字吧

往西
宁静的方向。

2012 年，行走在继续……观心·青海，5 月 26 日在西宁启动。启动仪式引出另一种行走：城市行走。两千多名西宁市民和陈坤一起在市区步行 3 小时。不一定要去很远的远方，不一定要找很静的寂静，就在此时此地，行走把我们带向很远的远方，带到很静的寂静。

为什么是西宁？陈坤说："西宁作为走向世界第三极的入口，这是一个离心最近的地方，是朴实的原点。同时，西宁也是个正快速发展的城市，人们面临着一个节奏和心态的转变。希望通过行走这个方式，适当调整和改变自己内心的状态。"

5 月 26 日上午，行走西宁，两千多人在海湖新区徒步。陈坤从头至尾，没有说一句话，一直静静地走了 3 个小时，不论边上的照相机、摄像机如何闪光，不论周围乱哄哄的有多少人在围观，他都安静地走自己的路。在后来的采访里，他告诉记者："行走是为了和自己的心灵对话，禁语可以让你一心行走。""只有当你静下来，才能真正听到自己的声音，从喧闹中找到属于心的宁静。"

两千多人，开始的时候有一点混乱。有些人在说话，有些人在追赶。陈坤说："最初的几分钟，我以为自己错了。"他低着头，每一步都踏实，专心地用自己的脚丈量大地。"我希望每一位行者都是为了自己而走，不是为别人，更不是为我。"但很快地，他平静了呼吸，瞬间顿悟。"几分钟以后，我忽然就想通了。正因如此，'行走的力量'才更要走下去；哪怕有一个人可以通过这次行走有所收获，爱上行走，都是值得的。"

短暂的混乱之后，两千多人中的大多数已找回了自己的呼吸，有人走到了陈坤的前面，平静而专注。真正的行走开始了。真正的行走，每一步就是全部，每一个当下就是全部。每个人静静地走自己的路。

行走在继续……在西宁……
这是在西宁

走着走着有湟水低吟

「沿着水流的声音，

你会找到方向」

走着走着有丁香盛开

「沿着花香的迷漫，

你会得到宁静」

走着走着就找到了自己

「越过尘世的迷雾，

你会回到内心」

走着走着就开始回忆了

「白云峰·格桑：

一个西宁　两种记忆」

走着走着就有湟水低吟

沿着水流的声音，你会找到方向

最初的最初 水从何来

5月26日上午9点，西宁，海湖新区广场。

两千多市民和陈坤一起开始徒步行走。不走，你怎么能够看见世界？不走，你怎么能够看见自己生活的城市？不走，你怎么能够找到往返的路？

不到5分钟，前面的队伍就走到了一座水泥桥上，一条河流尽收眼底。这是湟水，黄河上游最大的支流，发源于青海海晏县境内包呼图山，流经湟源、湟中、西宁、平安、互助、乐都、民和，省内长349公里，在兰州达川西古河嘴入黄河，全长370公里。2012年5月26日，很普通的一天，连续五六天阴雨后的很普通的晴天。两千多名普通的人，沿着湟水岸边慢慢徒步。他们看到的，是很普通很平静的一条河流，很多人每天看到她，每天在她的流水声里来来往往。

来来往往。历史上无数来往的面影，沉淀在湟水里。北川河和南川河在西宁相遇，汇入湟水，湟水经过西宁流到甘肃，与黄河汇合。如果没有湟水，就不会有西宁这座城市。如果没有湟水，西宁的道路就不会把人引向本源。因为湟水，西宁就有了悠远的记忆。一条很普通的河流，积淀的是千万年的沧海桑田。

“黄河之水天上来”，李白的诗句表达了中国人对于黄河源头的想象，也显现了黄河源头的邈远。中国人把黄河看作母亲河，一直在寻找黄河的源头。战国时代，《尚书·禹贡》有“导河积石”之说，《后汉书·西羌传》中有“滨于赐支，至于河道，绵地千里”的描述，是关于黄河源头的最早说法：黄河源于积石千里之外。公元635年，侯君集、李道宗奉命征讨吐谷浑，转战星宿川，曾登高“观览河源”；公元641年，文成公主进藏，吐蕃王“率部迎亲于河源”。两则记载里都提到了星宿海和河源，但具体河源的位置在哪里，并没有说明。很长一段时间里，人们把星宿海作为黄河的源头。

1280年，元朝忽必烈派都实为招讨使，西行勘探河源，来回一年多。后来有人根据都实弟弟的口述，写成《河源志》。这是有历史记载的对于黄河源头的第一次探寻。第二次比较大规模的勘探是在清朝，拉锡、督基斯、阿弥达先后奉旨对河源进行查勘和祭祀。二十世纪以来，中国民间的个人，还有国外的探险家，不断地追寻黄河的源头，每一次追寻，都是对于本源的一次回归。

比尔·波特，一个喜欢寒山的美国人，曾经把寒山的诗翻译成英文，1989年，他辞了职到中国，想看看当代的中国还有没有寒山这样的隐士。结果，就有了《空谷幽兰》这本书。1991年5月，他又开始了一次新的寻访，寻访的是黄河的源头。他从上海出发，一直往西，经过山东、河南、陕西、甘肃，到了青海，"第二天早上，我踏上西行列车，前往青海省会西宁。青海是我这次黄河之旅的最后一个省，黄河的源头就在青海。到了西宁，离源头就不远了"。

比尔·波特在后来出版的《黄河之旅》中用了一个小标题："五千年文明五千里路"。穿越五千多里路，其实是穿越了五千多年的文明。1991年5月25日，他到达了"黄河源头"，他在书里记录当时的情景："牛头碑上写着'黄河源头'四个字。此时此刻，千思百感一齐涌上心头。可是我太累太累了，没力气笑，也没力气哭，只是和向导互拍了照片。在牛头标记的旁边有一块石头，是1987年一队中国探险家立的。之后他们就乘着木筏顺着黄河漂流，计划漂到大海。后来我才知道他们没能完成这一壮举，在西宁以南龙羊峡大坝一带，他们被湍急的黄河水所吞噬。"

千百年来，人类总是着迷于对各种源头的追寻。也许，就像《弥兰王问经》里所说：最初的最初不可知。但是，人类需要一个最初，需要回到最初。也许，无法在物理空间里回到最初，却可以在心理空间里建构一个最初。也许，无法在日常的世俗生活里回到最初，却可以在静静的行走里慢慢感悟最初，在对于梦想的永不放弃里最终找到那个源头。

也许，无法在日常的世俗生活里回到最初，
却可以在静静的行走里慢慢感悟最初，在对于梦想的永不放弃里最终找到那个源头。

最初的最初 人从何来

5 月 26 日上午 10 点半，两千多名西宁市民走过一条新建的马路，又转到湟水边，过一座桥，是另一番乡野的风光，树木成群，杂草丛生，这是湿地公园。想象一下千百年，一定有无数个早晨，牧羊的人三三两两在河边，带着羊群漫无目的地沿着草的芬芳慢慢游荡。五千多年前，湟水就已经在这里静静地流淌，养育着人类，养育着叫作“羌”的族群。羌这个字最早出现在夏代的一件黑陶上，有一个字符和甲骨文里的“羌”字很相像。《说文解字》：“羌，从羊，西戎牧羊人也。”在河草丰美的大地上放着羊，这是羌人在古文献里最初的形象。

羌人的先祖从哪儿来呢？据说是从西北而来。在非常非常遥远的年代，羌人先祖的部落叫子拉，拉在羌语里是“族”的意思，子拉就是子族。“子拉”这一名称在印欧语系各民族间流传，拉丁文、印度梵文把子拉写作：Cina；英文、德文把子拉写作： China。中国这个名称就是从子拉而来。二十世纪四十年代，美国人类学家大卫・克罗克特・葛维汉赴中国西南一带考察羌族历史，写成《羌族的习俗和宗教》，在书的序言里，葛维汉提到，很久很久以前，有两个国家子拉（Tzu La）和古拉（Gu La）发生了一场大规模的战争，古拉打败了子拉。战败后的子拉族一部分往南逃亡到了四川，一部分往西逃亡到了湟水流域一带。中国人类学家庄本学在《羌戎考察记》里说，子拉族在逃亡过程中所携带的书籍被饥饿的羊儿吃掉，从此只有口头语言而没有了文字。又说他们在流窜的途中，曾得到神灵的启示，一直走到了湟水流域，从此定居下来，被华夏民族称为羌人。

如果再往前追溯，那么，华夏民族和羌人其实出于同一个祖先。当然，如果一直往前追溯，那么，地球上的人类都出于同一个男人和同一个女人。1987 年，美国学者瑞贝卡・坎恩破译了世界各地妇女的 DNA 密码，显示现代地球上所有的女性基因都来自于同一位女子，这位女子生活在大约 15 万年以前的非洲。这就是遗传学上著名的“夏娃假说”。2001 年，美国学者昂德希尔等人通过变性高效液相层析技术，研究得出结论：现代人类中的男性都有一个共同的父亲，这个父亲 15 万年前也是生活在非洲。这就是“亚当假说”。

15 万年前，非洲的一个男子和一个女子，繁衍出不断增多的子孙。这些后裔有一部分在大约 10 万年前从非洲向欧亚大陆迁移，分化出欧亚人群。这些先人有一支从缅甸等地沿横断山脉进入中国的北方，其中一些人到达了渭河流域和包括湟水在内的黄河中上游一带，形成了先羌族群，是中国大地上最古老的人群之一。

大禹是中国第一个王朝夏朝的建立者，以治水的形象深入中国人的心间。一种说法是：大禹当年治水，到了湟水流域一带，向羌人学习治理河水，并把一批羌人带回到内地。另一种说法是：大禹就是一个羌人。《后汉书·戴良传》：“仲尼长于东鲁，大禹出于西羌，独步天下，谁与为偶？”《史记·六国年表序》：“夫做事者必于东南，收功实者常于西北。故禹兴于西羌，汤起于亳，周之王也以丰镐伐殷，秦之帝用雍州兴，汉之兴自蜀汉。”不论哪种说法，有一点无可置疑，那就是大禹确实到过羌地。至今，羌人的舞蹈里还有“禹步”。据说，大禹治水时，因为腿疾，走路的时候一拐一拐的，却被羌人以舞姿记录了下来。越过时间的风霜，让我们得以在遥远的现在重温先人的身形。

周代开始形成华夏一族。姬、姜、子三姓构成华夏民族早期的构成。姬姓和姜姓都和羌人有关，在羌语里，姜为女子，姬为男子。好像在《诗经》里，有姜水和姬水，就是女子的河，以及男子的河。《国语·晋语》：“昔少典娶于蟜氏之女，生黄帝、炎帝。黄帝以姬水成，炎帝以姜水成，成而为德，故黄帝为姬，炎帝为姜。”

传说周的始祖叫“弃”，弃的母亲姓姜，叫姜嫄。《史记》上说，姜嫄有一次在野外，见到巨人的足迹，内心涌现莫名的喜悦，想要踩踏到那个足迹上。踏上去后，有怀孕的感觉，结果，不久真的生了个孩子。以为是怪物，就把孩子扔到了巷子里，不想那些牛啊马啊经过时都小心翼翼地避开；又把他扔在结冰的水渠上，不想刚扔下去，就有鸟儿飞来用羽毛覆盖他。姜嫄觉得这个孩子有点神奇，就又抱了回去，因为开始想抛弃他，所以取名叫弃。《诗经》里《生民》：“厥初生民，时为姜嫄。”这是周人关于自己源头的记忆。一直到现在，这个传说还在羌族流传。

周的祖先其实是羌人。顾颉刚先生说，那些最先进入中原的羌人，“他们做了诸侯，做了贵族，就把自己的出身忘了，也许故意忌讳了，不再说自己是羌人而说是华夏。至于留在原地的，当然还是羌，还是戎”。（《从古籍中探索我国西部的民族——羌族》）

很多面影、很多声音、很多文字、很多意念，在时间里渐渐遗忘。2012 年 5 月 26 日上午，两千多人走过河岸，看到的并不是羊儿成群，而是隐约的高楼大厦在周边森林般地挺立；听到的不是短笛牧歌，而是汽车的声音连绵不绝。但是，流水的声音不老，还在固执地讲述着什么。如果细细倾听，总有一种最初的宁静隐隐浮现。

越走就越有路 有路就有方向

海湖新区，离西宁的闹市区不过 10 公里。参加 5 月 26 日上午行走的人里，很多住在西宁已经 10 多年了，但很多是第一次到这里慢慢走路，以前都是坐在汽车里经过。自己走路和在汽车里经过，感觉很不一样。走路的时候，感觉到了真实的世界，感觉到了自然，怎么说呢？就是走着走着觉得世界变得宽阔了。在城市里每天上班下班，每天忙着工作，生活好像越来越狭窄，好像再也没有了梦想啊美好的情怀啊，但突然走到自己生活的城市里的另一边，以为自己很熟悉，慢慢走着却有全新的感觉。特别是这一段湟水边的路，有点穿越了。原来不需要去很远的地方，就在自己身处的地方，如果慢慢行走，会发现很远的世界向自己走来。

确实如此，活在拥挤的城市。到处是堵车，到处是竞争，到处是装腔作势，我们常常以为无路可走，常常以为只能在逼仄的办公室里拼命奋斗才能活下去。却不知道，就在我们身处的地方，如果你真正抬起脚步，跨出去，那么，到处是道路。

美国作家罗伯特·M·波西格在还没有成为一个作家之前，做过教师、电脑技术员，在忙碌的生活里迷失，几乎精神崩溃。1968年，他决定带着儿子，骑着摩托车，进行一次横跨美国大陆之旅。他希望透过行走，把自己从狭小的自我中解放出来，恢复自己的灵性和清静。旅程结束后，他变成了另外一个人，还写了一本《禅与摩托车维修艺术》，一本有趣而启迪的书。在书里，他提到自己一直迷恋在城市边的乡间小道徒步，因为这种小道会给人简单的愉悦，会让人发现在日常里往往视而不见的真理。更重要的是，在乡间小道徒步，你总能找到自己的道路。

鲁迅说：世上本无路，走的人多了，就有了路。也许可以说，只要你跨出去，一步一步地往前走，就会有路。青海有很多路，西宁是很多路的一个连接点。一般认为，汉代的张骞出使西域，打通了中国和西亚、欧洲之间的通道，形成了著名的“丝绸之路”。也有学者认为，在丝绸之路之前，已经有一条和田玉之路，连接着欧亚大陆。从上古到先秦，中国和西方之间的陆路通道有三条，一是居延路，从内蒙古、新疆到西域；二是河西路，从关中越陇山、河西走廊到达西域；三是青海路，沿湟水到青海湖，经过柴达木盆地、新疆到西域。

青海路上有湟中道，从关中渡过黄河到达湟水流域的西宁，可以向西走，连接羌中道；也可以向南走，连接河南道；还可以向北走，通往凉州。

千百年来，西宁留下了很多求法者的足迹。公元399年，东晋安帝隆安三年，高僧法显首次取道西宁（当时叫西平郡）前往天竺求法。那一年，法显已经65岁。法显很小的时候就在庙里当和尚，20岁受戒。他见到当时的寺庙有种种流弊，便发心前往西方求经取法，改变汉地的丛林。法显从长安出发，经过兰州，沿着湟水西上，到当时南凉的首都乐都，经过西宁转到大通、门源直达张掖，再由张掖沿着丝绸之路的古道前往鄯善，越过葱岭到天竺，最后到了斯里兰卡（当时叫狮子国）。公元411年，带着大量的佛经，取海道回国，写了《佛国记》。

公元 420 年，南朝宋武帝永初元年，僧人昙无劫（法勇）西行求经。经过西宁，穿越柴达木盆地，由吐鲁番越葱岭前往印度。公元 420 年，北魏的僧人宋云自洛阳，经西宁，过日月山，穿过吐谷浑，再沿丝绸之路南道往印度。公元 641 年，文成公主从长安出发下嫁吐蕃的松赞干布，途经西宁附近的日月山。后来的金城公主，走的也是这条唐蕃古道。历代的达赖喇嘛、班禅，去北京途中，都曾在西宁停留。

在古代，西宁确实如同一个驿站，无数的旅人经过这里，或为了真理，或为了商业，或只是为了好奇心，从东而来，或从西而来，到了这里，短暂地停留，然后继续前行。2012 年 5 月 26 日上午，西宁的湟水两岸，只有湿地公园里的路还是泥路，其他的都是水泥路。道路在不断地延伸。但是，套用冈本加奈子《东海道五十三次》里的话："千百年那些旅人的心情，深深地沁入泥土里、松树里以及所有的屋舍里了。"就是这些味道，让西宁的道路有了非常独特的韵味，别的城市所没有的韵味。仿佛走在西宁湟水岸边的街道，才有强烈的道路感和方向：道路在改变，但方向其实一直没有改变。

走着走着就遇到了 走着走着就分离了

曾以庭，女，29 岁，现居北京，大学期间曾骑车前往拉萨，热爱行走、摄影、流浪，曾以“在路上”作为毕生理想。9 年前经过西宁时邂逅一位流浪的男孩。2012 年 5 月 26 日参加西宁“城市行走”。

5 月 26 日。你在西宁行走，脚步很轻松，身后很安静，只传来尘土飞扬的声音。没有人说话，但你并没有感到平静。对，你不愿意走到那条河边，不想看到他沉到水里的那 10 秒钟。你责备自己，为什么没有马上跳进去。这个故事就像一个侦探小说，埋在你心中深深的河里。你继续往前走，身后有人轻轻地发出累了的声音，你没说话，依然缓慢而坚定地往前走。呼吸很深，你知道在深的内层，不是想掩盖行走的累，是用深呼吸推走心中深深震撼你的 10 秒钟。

你走在队伍的前列。地上有“行走的力量”几个字，橙黄色的，有点触目惊心，你跨过的时候，有点担心这几个字会被后面几千人的脚步踩得面目全非，但你知道，留在地上的那 5 个字不如印在身后几千个人心里更重要。

风好大。对，那个时候，他跳入水里的时候，你也觉得风好大。你差不多哼起了歌，像煽情的琼瑶电影。他沉到了水里。你一直在想，鱼在河里游，会是多么的自由。

你一直往前走，想走过那一段你不想走过的河。

第一次见到他，是大二暑假那年，你带着相机，打算从成都骑车去拉萨。你们学校美术系的女生，没有一个和你一样野。你一个人上路，骑了十来天，路过西宁。那是一年最热的时候，西宁却凉快得让你意外，你决定在这里晃悠几天。

这里的小旅馆里一般都有广告墙，有一张漫画吸引你，是一个男人夸张的头像，下面写了一行小字，包车电话……你一时好奇，想尝试一下游客的感觉。你打过去，对方讲了一口好听的京片子，约好了第二天来接你。

他开着一辆老掉牙的军用吉普，趿拉着一双拖鞋，头发蓬乱，穿一件黑色背心，露着满身的文身。你跟他砍价，包车一天从 50 元砍到 30 元。他没睡醒似的点头。你记得那辆车子还保留着老式的卡带机，他放着莫文蔚的《双城故事》，跟着一起吹口哨。这首歌，你后来听了很多遍，都没有他车上沙哑的卡带好听。

他忽然开始自言自语，你不奇怪，也不发问，在那张磁带反复的循环中，听他讲流浪的故事。他比你大 5 岁，大学没读完就跑出来，从北京到内蒙古、新疆、西藏、甘肃、青海…… “西边的空气自由”他说，他最远到过新疆的塔城，那里有兵团的农场，大草原辽阔无边。那儿的马是他见过最美的，个性都无拘无束，狂放不羁。他说，人在边疆感觉会不一样，站在遥远的边境线上，觉得自己特别渺小，可也总算没白来世上一遭。他不会在一个地方停留太久，也许是谈一场恋爱的时间，厌倦了，也就走了。

到了塔尔寺，你没打算进去，他把车停在树荫下，两个人坐在路边抽烟。你问他吃啥喝啥，他说，没钱了，打点小工挣点钱，总能活着。3 个月前，他流浪到西宁，钱花光了，一个哥们儿收留了他，那人叫卷毛，西宁人。那哥们儿很仗义，后来借给他 2000 元钱，买了这辆破吉普，拉点散活儿赚钱。那天晚上，你们叫卷毛一起到文化街吃干拌面，像熟人一样。你第一次吃到比成都好吃的面。当时羊肉串 5 角钱一串，你们敞开了喝啤酒，不怕醉。你告诉他，过几天就骑车去拉萨了。他随口一说，他也去。

那两天，他把吉普车扔在一边，借了辆自行车，带你去转西宁城。你们去了南山、北山、回民街、水井巷，有一次沿着湟水河向西骑，一直骑到人烟稀少的村落。你尤其喜欢沿着河水骑行的感觉，说不清楚为什么，你对水有着格外的感情。去年去大理，你借了辆自行车，沿着贯穿整个古城的一条细细河流上坡、下坡，你对寻找水的源头有着狂热的痴迷。你问他，这是西宁最长的河吗？他说，不仅是最长，这湟水河是整个西宁和青海的命脉。“也许是魂。”你说。

你索性坐下来。他躺在一块大石头上，跟你说他喜欢西北人的朴实无华，就像这湟水。忽然他又跳起来说“下次带你往西边走，那里有一条峡谷，你一定会喜欢。”

你想起从未给他拍过照片，举起相机对着他。他突然转过身去，把内裤扒下来，屁股对着你。你喜欢他的天然率直，就和你一样。你去洗手间从来都说：“尿尿”、“大便”，不像一般女孩那么秀气。“我要拉大便去啦。”你对他喊道。在西宁的荒郊野岭里，你终于在野外大便了一次，找个没人的地方，蹲下就拉，特痛快。他在不远处帮你照看着周围，你们毫不尴尬。拉完了你又觉得饿了，两人分享带来的面包和啤酒。那时你们都穷，很奇怪，年轻的时候怎么都觉得好。

有一天夜晚，你们三个坐在大十字西边的马路牙子上，喝着啤酒闲扯，路上的行人稀少，路灯将树影照得婆娑迷离。他忽然唱起歌来："谁能够将天上月亮电源关掉，它把你我沉默照得太明了，关于爱情我们了解得太少，爱了以后又不觉可靠……"

你没想到，他真的卖掉了那辆破吉普，和你一起出发，更让你不解的是，他一声召唤，卷毛也跟着去了。临走的前一天晚上，你去卷毛家帮他们收拾东西，一个女孩儿在门口等他，哭哭啼啼地不肯走。他一副不在乎的样子，像个局外人。是卷毛不停地劝，把女孩儿劝走了。她转身的时候，敌意地看了你几眼。

你问他："你女朋友啊？"他说，路上的。

7 月的一个中午，你们三个从西宁出发，骑车前往拉萨。一路上你们成了患难之交。你也终于明白，他为什么如此热爱路上。

路上的他，是发光的。如此的自由、浪漫和不羁。他全部的家当都在自行车后座上。前面的车把上，坐着一个稻草人，是他自己编的，还给它起了个名字，叫"阿扑"。他疯狂地踩着自行车脚踏板，对着阿扑大声唱歌，一会儿唱流行歌曲，一会儿用奇怪的腔调唱着他在西宁学会的《花儿》。有一次下大雨，阿扑掉到了公路下的谷底，他在雨中滚到了山下，将它捡回来时，一条腿上全是血。

他非常善变。有一次走错路了，多骑了十几公里，在我们调头的时候，他说："你俩走吧，我就按错的走。"卷毛骂他操蛋，他说："没准更好玩儿呢。"他最常说的一句话就是"又不会死"。带着懒散的表情，很欠扁，但是不知为何，每个人都被他吸引。你猜不透他再次改变主意，愿意调头和你们一起走的原因。一只野猫掉河里了，他跳进水里把猫救了起来，上岸后就忘了自己要独行。

你没有想到在路上的高反那么严重。有一天你头疼得快死了，嘴唇是青的。他驮着你去附近的卫生站打点滴，灌了你一茶缸子红景天的汤药。你们在附近的小村子住了三天才上路。为了你，他的阿扑也丢了。他问你："以后还敢一个人骑车吗？"你说："敢"。青藏线的国道上时常能碰到骑车去拉萨的年轻人，有时能聚在一起，有时擦肩而过。最后，你们原先三个人的队伍，变成了七个人。这些人后来都成了莫逆之交，有事儿就言语，没事儿不联系。

你毕业后去了北京。在一家广告公司上班。租了一个小房子。有一天，你接到他的电话，说他回北京了。你们约在单位楼下的咖啡馆，你帮他也要了一杯咖啡，这样面对面坐着，你觉得有点荒唐。他更黑瘦了，颓废的样子更显英俊。他从来都不在乎他的长相。“拿去！”他常说。

他告诉你，他刚从藏区回来，那边正下雪呢。大厦外面的三环路堵成了停车场，人人焦躁不安，人人戴着面具。你听着那些遥远的故事，心想，在城市的文明里，两颗心贴不到一起去。

你说出去走走吧。你觉得什么都没有在街边抽根烟幸福。一个流浪汉和一个摩登女郎在路边的马路牙子上坐着，吸引不少行人的目光。你索性把手机关了，你也来犯个混。这时候感觉才回来了。他忽然告诉你，他奶奶死了。那是你第一次见他哭，像个孩子。

你问他还走吗？他闭着眼睛，没搭理你。你想起西宁的夏天，一样的柳树，不一样的风。

奶奶的葬礼结束之后，他又出发了。临走的前一天晚上来找你。那时你还没有男朋友，你们聊了一夜。你想起从拉萨回西宁的那天晚上，你们在餐厅吃饭。他去洗手间的时候，邻桌的几个混混跟你逗贫。他回来后让你先走。你刚出门，他抄起桌上的酒瓶就拍人家。他打起架来不要命，一副求死的相。你在门口打110报警，直到警察来了他还没停下，满身是血。

你问他，怎么看你这个朋友？他开玩笑说：“怕飞得太远了，忘了自己在哪儿，所以就需要一个坐标。”你笑了，其实，他也是你的坐标，你守在无聊的现实里，让他替你流浪。第二天你去上班，他睡在客厅的沙发上。你偷偷地给他留了些钱。等你回来时，钱还在，他已经不见了。留下一张漫画，一个美美的小女孩，脚踩小马蹄，正在吃一块棉花糖。你一直没看懂那张画是什么意思。

你也不是没见他真心爱过。有一年的冬夜，有人“砰砰”敲你的门，他站在门外，胡子拉碴的。你这才发现，他一年四季都穿着拖鞋。脚已经冻坏了。你什么都没说，进厨房先下两包方便面，打两个鸡蛋。他也什么都不说，埋头吃完。在这个世界上，一个人愿意把他最难看的样子给你看，你唯有心存感激。你看着他醉得不省人事，然后像个哥们儿一样照顾他。你什么都不问，唯独说了一句：“要不就停下来，找个喜欢的人在一起。”他迷糊着说：“我也走累了，但是停不下来了。”

但是，这一切在他醒来之后都不算数，他只要调整好这口气，又会出发。认识他以后，你才真的看懂了电影《阿飞正传》。只是“阿飞”比他幸运，至少还有一个身世作借口，不管是不是不堪一击。他什么都没有，只能赤裸着任由自己游荡。也许，无缘由来的一切，才是最刻骨的悲哀。无缘由地活了、死了、好奇了、厌倦了、幸福了、寂寞了、满了、空了……你从来没有问过他要这样流浪到几时，你相信，车到山前必有路，总会有的。他走的头一天晚上喊你出来，说自己兜里还剩下几百块钱，请你去吃火锅。他无聊地看着窗外的大雪说：“随便点。”

等他再出现时，是 2007 年的夏天。他在电话里跟你说：“来西宁吧，卷毛结婚了。”当年一起骑车去拉萨的朋友，全都到了。几年未见，这些当初发誓一辈子在路上的人，大多数都停了下来，没什么新鲜的，都是停在一个累的地方。那天卷毛喝得酩酊大醉。

他们陆续回去了，你请了假，想多待几天。你问他下一站去哪儿？他说：“去哪儿不都一样。”

从西宁出发，沿着湟水河西行，大概骑两个小时，转过一个山谷，只见湟水泱泱，奇峰延绵，良田漠漠，水鸟流连，，这就到了他所说的峡谷。卷毛大叫：“操！我都没来过。”你们已经到了湟源县，古代叫丹噶尔的地方。

当年丹津王与清军交锋，兵败西宁，带着余部退入此地，见无路可走，身后追兵已近，眼看就要束手待毙。忽听潺潺水响，一股清泉从岩缝中流淌下来，沿着溪水寻找，只见石桥旁的岩壁上裂开一缝，仅容一人一马通行。丹津王催马直上，余部也跟着鱼贯而入。清军追到岩前，怀疑是丹津王设下的圈套，不敢再追，只好撤兵。水草边有一种黑色的鸟，你指着对他说：“那是你。”全身黝黑，只有顶冠是一抹血红色。

他将手中的烟蒂弹向远方，站起来说：“游泳去吧。”你说你没带游泳衣。他做了个“切”的表情，跳进了水里。大约有十秒钟的时间，他的两只手在河面上挣扎几下，就没动静了。你以为他在开玩笑，和卷毛一起冲他喊：“别闹了！”你知道他的水性，进了水就是一条鱼。在那以前，你一直以为鱼不会死在水里，只会窒息在岸上。

河面上一片死寂，水波逐渐恢复原状。你慌了，和卷毛跳进水里，大喊他的名字。你们一个朝上游，一个朝下游搜寻。你真希望这是个恶作剧，那个混蛋会像以前一样，突然出现在你身后，搂住你的脖子哈哈大笑，然而在傍晚来临的时候，你们却不得不拨通了报警电话。

你用梦游一样的声音说：“我们找遍了整条河，没有找到我的朋友，他可能淹死了。”你和卷毛被带到西宁湟源县公安局，被“审讯”了三天。他们反复在问：“岸上为什么只有死者的一只拖鞋？另一只在哪里？”你说你也不知道。终于，你和卷毛被告知，可以走了。很巧，那天是你 24 岁生日。

你常问自己自由是什么，仿佛那是个深奥的哲学问题。从公安局里走出来时，你忽然明白，自由是个很卑微的东西，就是你有权支配自己的手脚，就这么简单。至于生命，可能就是一口饭。别瞧不起那口饭，也许那才是关键。

你回到旅馆时，得知他年近花甲的父亲从北京飞过来，这事没敢告诉他体弱的母亲。他的前女友从广州飞过来，冲到你面前像疯子一样大骂，在诅咒你800遍之后，哭得像个濒死的鸟。这时候尸体还没打捞上来，你们雇了打捞队，从湟水河西石峡的上游 15 公里到下游 20 公里，一寸水域也没放过，没有找到他的尸体。警方的结案是：溺水死亡。他在北京的户籍也因死亡而被注销。

只有你，有时候会在夜深人静时，在 QQ 上盯着他头像的灯。5 年过去了，奇迹从来没有发生过。

你的生活逐渐恢复平静，就像他沉下去的河面。你混得还不赖，有一个不同居的男朋友。每天过着朝九晚五的生活，像一个正常人。前两年，城市里的人们一直喊着要“流浪”，在你看来，像一群牙牙学语的娃娃在唱歌。

去年第一次听到一个叫“行走”的词。你觉得它比“流浪”更真切，就像你多年前对“自由”的理解。今年 5 月，你报名参加了那个“城市行走”活动，就在西宁。或者，你只是找个借口回去，那是你认识他以及失去他的地方。

你到今天为止都不明白，他寻找的生活，这世上是否存在。或者，生活是一滩百无聊赖的河水，他把它游成了江湖。

不管怎样，他游走了。再也看不到你和卷毛在岸上惊慌失措的样子，看不到他前女友像个疯子一样，在河边高声大骂与痛哭，看不到他父亲压抑且沉痛的老泪，也看不到只剩下一只的拖鞋孤零零地躺在河边。

你记得有一个僧人，也是在一个湖里消失了。有人说他死了，有人说他厌倦了一切，退居到山水间。你更愿意相信后者，他只是借河水游走了，游到另一条陌生的河域里，开始新的漂流。

你没有想到，在西宁的行走竟然经过湟水河。几千个人的脚步踩过湟水流域的一小段，就像这个世界是另一个世界的一小段，就像生踩过死的 10 秒钟。你一直都无法释怀。那天在行走中，认识一个没有穿袈裟的师父，他告诉你："每个人来到这个世上，都是在修一条回家的路。"你恍然大悟。

他的死只是为了告诉你，死亡是一件多么安静的事。

你打算不久后再出发，从湟水河往西走，穿过西宁城，穿过他消失的西峡谷，穿过日月山、青海湖，穿过湟水的发源地、当年丝绸之路经过的地方……你想看看，再往西会通往哪里。

走着走着就有丁香盛开

沿着花香的弥漫，你会得到宁静

走到哪就在哪儿盛开

很多人到过西宁，但是，问起对于西宁的印象，很多人会回答：没有什么特别的印象，只不过是经过，住了一两晚，好像很简单的一个城市。是的，很多人到西宁去礼拜塔尔寺，经过西宁到青海湖，或者经过西宁去更遥远的西藏。只是匆匆经过，西宁，不过是中间的一个停靠站，好像从未成为目的地。

这似乎是这个城市的宿命。公元前 121 年，汉武帝时代的骠骑大将军霍去病在这里设立“西平亭”，开始了这座城市最初作为军事据点的历史。此后漫长的年代，这座城市带着对于安宁的渴望，走过了无数个离乱、厮杀的日子。宋代设立西宁州，西宁这两个字寄寓着西方安宁的意思。但千百年来，西宁的历史一直在战乱里行进。这个城市的泥土里，不仅仅有求法的人坚定向西的信心，有商旅者的寂寞，有和亲的公主以及随从回望中原故国的感伤，更多的是士兵们的悲凉、逃难者的茫然。

西宁日月山附近有铁仞城遗迹，是唐朝建立的一个军事城堡，从唐朝咸亨元年到至德元年的 80 多年里，唐与吐蕃在此地打了 8 次仗，有 10 万多汉藏士兵丧生。这仅仅是几千年历史里短短的 80 多年。1936 年，著名记者范长江沿着大通河和湟水到达西宁，那时候的西宁，还是一个很神秘的地方，范长江感叹西宁：“两千多年到现在，始终是汉族与其他各民族在青海争斗的最西的依据点，到现在，汉族的势力还没有冲过西宁以西”。

2012 年 5 月 26 日，两千多名行走者走过西宁的湟水边，阳光下的水面，安静，却有一种淡淡的悲情，慢慢飘浮在空气里。回看山峦环抱下的西宁城，是不是觉得这个城市显得很简单，隐隐有一种权宜的心情？也许，在西宁，才能读懂“命运”这个词。历代有戍边的人，有流放者，还有躲避战乱的人，流落到这里，停了下来，心里有一个遥远的家，一个再也回不去的家。

据说，回族的“回”字，就是回去的意思。那些来自阿拉伯、波斯等地的信奉伊斯兰教的人，来往于丝绸之路，因各种原因留在了路上，再也没有回去，成了“想回去”的少数民族。撒拉族的历史也是自我放逐的历史，传说是两兄弟因为反抗暴政，带着族人逃跑，一直到西宁附近，遇到泉水，得到神灵的指示，就停了下来，从此成为此地的一个族群。

在西宁，有时候会遇到带南京口音的汉族人，相传明代初年，南京竹子巷的居民因为得罪朱元璋，被流放到西宁一带。在时间的磨蚀里，无数的物事消失了、遗忘了，只有竹子巷这个名字还固执地留存在记忆里，只有那一点点的口音还留存在话语里。而在南京，并没有竹子巷这样一个地方。只是一个空洞的地名，却成为一个群体一代一代的乡愁。

2012 年 5 月 26 日，西宁海湖新区，旷野上新建的街道、大楼，两千多人慢慢走过，上午的阳光里布满清凉的空气。周围的户外广告牌上有大幅的宣传画，告知外地的人们这里是“夏都”，炎热的夏天到此地可以躲避炎热。两千多人里，有多少种乡愁呢？海湖新区的路非常开阔，几乎一眼看到西宁四周的山峦。不像南方的山郁郁葱葱，而是光秃秃的，有点贫瘠。

确实，即使走在西宁的市区，也会有一点点的单调，一点点的贫乏。空气里暗暗飘浮的是命运的沧桑。但是，走着走着，会突然发现，这个城市的街道两旁，河水的两岸，星星点点地，盛开着各种丁香花。很多人以为丁香是南方的花，会想到戴望舒的《雨巷》，丁香犹如款步在雨巷里的江南女子。不想，她是西宁的市花。到处是灰色的山坡，单调的街道，却不时眼前一亮：一丛鲜艳而明快的丁香自由生长。不由让人感叹：再艰难的环境、再简单的生活都不会阻碍最单纯的美和快乐。

西宁的历史，布满了被扔过来的命运。但是，这些命运敬畏天意的安排，有一种安详，不只是悲情。2012 年 5 月 26 日，两千多种不同的隐秘乡愁，安静地走在海湖新区，走在湟水岸边。脚下是家园。走在西宁街上，清真寺、藏传佛教的寺院、禅宗的寺院、道观，错杂并列。空气里溢满清凉，不只是自然的清凉，更是信仰的清凉。那么多残酷的时代，那些无法主宰自己命运的人，一定在信仰的深处找到了另一种自由，找到了挣脱命运囚笼的道路。

即使注定无法回家，即使注定要在路上，也要看着花开花落，也要享受花的芬芳，就如莎士比亚说的：条条大路有花香。走到哪儿就看哪儿花开；走到哪儿就在哪儿盛开。仓央嘉措有诗：“花时过了，蜂儿并不悲伤；缘分尽了，我也无由怅惘。”确实，想要留住留不住的，想要得到得不到的，生活就成为苦役。笑看花开花落，任由人来人往，生活就不过是一次自然的旅程，不管命运把自己抛到哪里，都要尽情盛开……

不仅要盛开，而且要长成参天大树。西宁最繁华的街道之一西大街上，有三棵榆树，在这个干旱的高原城市，已经活了三百多年了。犹如三个慈祥的长者，看着这座城市在岁月里匆匆而过的容颜。从前的西宁人喜欢丁香树，也喜欢榆树。丁香树有丁香树的故事，榆树有榆树的故事。传说，这三棵树曾经差点死掉，铁拐李为了把树救活，就落入凡间，化装成生疮流脓的乞丐，靠在树下乞讨。有人施舍他，也有人对他避之不及。他把脓水擦到树干上，对每一个经过的人都伸手说‘舔一舔吧，舔一舔吧’，所有人都对他极为厌恶。第四天，他消失了，三棵榆树起死回生，逐渐长成了现在的样子。

世人常过分地执着，执着于外相，执着于形式，双眼因此而受了蒙蔽，逃不开，放不下，想不通透，得不到自在。年轻的时候，我们误以为自己在坚持，时间会揭晓，那只是一份变质的执着。

人生有太多的不期而至，更无常的是求而不得。你把自己折成一个直角，不蜿蜒，不调头；你坚持原则，认为如此才不愧对自己；你被磨掉了棱角，痛苦地认为是在向这个世界妥协；但是它，不进攻也不反抗，悠然而上，始终坚守。身处闹市，它也听得见自己的心。

真正的开悟，是在任何时候、任何情况下都能从容地活着。尘世中有这样那样的局限，但它们找到了属于自己的宁静，看去漫不经心，实则随遇而安、悠然自得，这才是最大的自在、最大的智慧。

接受和面对，本身就是一种超然，放下，方得自在。当你真心相信一切都会好的时候，一切就会真的好了。就像榆树，把它种在哪里，它都能奋力参天。就像丁香，把它撒在哪儿，它都在哪儿绽放。一花一世界，一木一浮生。

接受和面对，本身就是一种超然，放下，方得自在。当你真心相信一切都会好的时候，一切就会真的好了。就像榆树，把它种在哪里，它都能奋力参天。就像丁香，把它撒在哪儿，它就在哪儿绽放。一花一世界，一木一浮生。

走着走着花就开在了心里

总觉得丁香是南方的花。传说南唐名妓苏小小的眼泪，流着流着变成了丁香。所以，丁香花开，或洁白，或幽蓝，或紫色，诉说的是轻愁。然而，丁香并非江南或南方独有，在青藏高原、在西宁，丁香也有悠久的历史。

最初的丁香树在哪儿？西宁的丁香有十多种，比如，紫丁香、小叶丁香、羽叶丁香、朝鲜丁香、紫萼丁香、花叶丁香、白丁香等等。最初长在西宁的，也是青藏高原上的第一株丁香树，叫暴马丁香。长在哪儿呢？就在西宁的塔尔寺，在塔尔寺的大金瓦殿里。不，应该这样说，因为这棵暴马丁香，才有了塔尔寺，有了大金瓦殿。这棵树的诞生意味着觉悟的信息，意味着灵性的消息突然降临青藏大地。

回到六百多年前，公元 1357 年，藏历第六饶迴阴火鸡年，也就是元朝顺帝执政 17 年。那时候，西宁并不叫作西宁，而是叫作青唐城。以西宁为中心的湟水流域，那时候的藏人把她叫宗喀地区。离西宁市区 50 里左右的鲁沙尔小镇，有一座山，形状很像莲花，正好是 8 瓣，所以叫宗喀莲花山，也叫八瓣莲花。那一年的正月，宗喀莲花山下，有一户人家的女子怀了孕。怀孕之前，这个女子的丈夫梦见文殊菩萨从汉地五台山而来。这个女子梦见天上有天子和天女围绕着一座金身冉冉下降，当下降到女子头顶时，金身一下子变成了 5 寸高，进入女子的身体。到了当年的 10 月，这名女子诞下一名婴儿。

这名婴儿就是宗喀巴大师，法名罗桑扎巴。以一个地名来称呼一个人，在藏文化里，是一种至高的尊称。宗喀巴大师一般被认为是文殊菩萨的化身，是西藏格鲁派的创始人。也许，他在藏传佛教里的地位，可以和汉传佛教里的慧能相比。慧能把印度的佛学中国化，开创了禅宗的源流。宗喀巴把印度的佛学重新梳理，制定修行的方法和修行的仪轨，确立了藏传佛教最核心的体系，一直流传至今。第一世的达赖喇嘛和第二世的达赖喇嘛，都是宗喀巴大师的弟子。在西藏，人们也尊宗喀巴为“第二佛陀”。

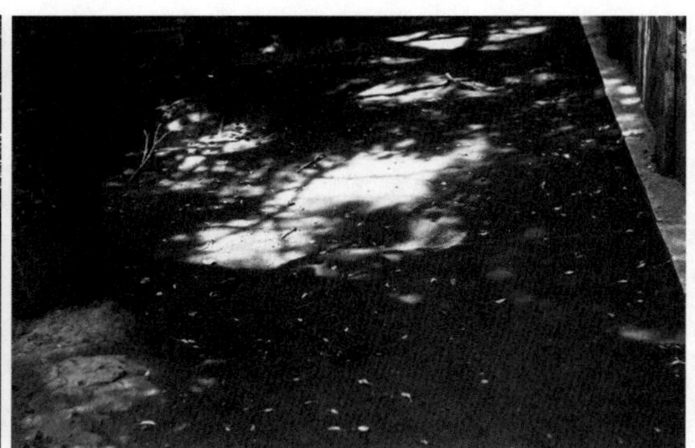

宗喀巴大师出生的时候，他的脐带血滴在了地上。不久，这个地方长出了一棵树，一棵暴马丁香树。传说，这是青藏高原上第一棵丁香树。因为是大师诞生的地方，这棵树后来叫作菩提树，犹如释迦牟尼在毕波罗树下成道，那棵毕波罗树就成了菩提树。宗喀巴大师从孩提时代开始，就有不同常人的志趣，对于俗世有天然的厌离，他在 3 岁就出了家，16 岁离开家乡，往西藏去学习佛法，从此一直生活在西藏直到圆寂。他的一生，和佛陀一样，几乎都在路上行走，不是在求法，就是在弘法。宗喀巴大师留下了很多经典的著述，影响最大的有两本：《菩提道次第广论》和《密宗道次第广论》，为修行佛法指出了一条切实可行的路途。

宗喀巴大师故乡的那棵菩提树，渐渐长大，枝叶茂盛，会开白色的花。大师托人带信对他母亲说："见到这棵树就像见到孩儿一样。"很多人去看这棵树，见到的，是 10 万片树叶，10 万片树叶上，每一片都那么清晰地呈现出佛作狮子吼的样子。这实在是一个奇迹。普通人会问：这是真的吗？但是宗喀地区的信徒不会问这是不是真的，他们只能告诉你确实见到了佛。在漫长的轮回里，走着走着，有一天因为某种灵性的召唤，我们每个人都会见到我们的内心，有花盛开。也许，这并非奇迹，而是某种真相。

因为这棵树，这棵暴马丁香，这棵菩提树，这棵显现着佛的形象的树，这个地方变得神圣。起先是造了塔，渐渐地，延展成今天我们见到的塔尔寺，一个圣地，一个藏传佛教的中心。每天都会有许多游客到那里参观，但如果只是作为游客，把塔尔寺作为一个景点，你可能会失望，得不到什么收获，但如果你抱着对于信仰、对于灵性的兴趣或好奇而来，即使你只是看到那棵菩提树，你也会有所启迪和领悟。

曾经有一个法国女子大卫·妮尔住在塔尔寺，从1918年到1921年，大约三年时间，她每天到大金瓦殿看着这棵有着10万佛像的菩提树，看着喇嘛们念经……她从遥远的欧洲来到青藏高原，不是为了发现什么矿藏，不是为了传教，不是为了旅游，而是为了好奇，对于佛教的好奇，对于一种灵性生活方式的好奇，对于青藏高原自然风景的好奇。因为这种好奇心驱动的行走，她成了一名真正的佛教徒。1912年，十三世达赖喇嘛曾在葛伦堡接见了她（这是达赖第一次见欧洲女子）。她曾说："我应该死在羌塘，死在西藏的大湖畔或大草原上。那样死去该多么美好啊。"1969年她101岁，在静坐中安详地离开人间。不知道她去世的时刻，塔尔寺的那棵菩提树是否在她最终的意识里显现，给她最终的宁静？或者，在那一刻，走完了世间的道路，她的心里已经开满了洁白的花？

走着走着就找到了自己

越过尘世的迷雾，你会回到内心

青唐城

青唐城：汉为临羌县地，属金城郡，后又改为西平郡地，十六国时期，为西平郡城。1099 年，青唐城被宋军收复，改名为鄯州；不久，青唐城再次被唃厮啰占领。十二世纪初，宋军卷土重来，将这里重新收复，并改名为“西宁州”，西宁两个字，也一直沿用到今天。目前只有一段三百多米的城墙遗址，还依稀留存了关于青唐城的记忆。

代砺，30 岁，现居北京，杂志编辑，2012 年 5 月参与“城市行走”活动，第一次到西宁。

沿着南大街一直向南走，似乎是斜斜地向着西南方向吧，偶尔爬上和缓的斜坡，蜿蜿蜒蜒地向前。到了昆仑中路，经过一条修建得十分现代的地下通道，再上来，便会远远地看到一座古城墙。重修的城门有点刻意地诉说着历史的沧桑，远不及它身后那一堵斑驳的老城墙苍凉肃穆。右手边的南山近在眼前，转过头，北山也还是一幅清晰可见的画卷——西宁就是这样一个东西狭长，南北夹在两山之间的城市，它讲述的故事，哪怕蚀了白骨，荒了岁月，依然历久弥新。

来西宁之前，断断续续地，代砺被一种莫名的负面情绪笼罩了已有两个多月的时间。“每个星期为了平稳度过每一天，我可谓是绞尽了脑汁，但是总有那么七天是失败的。”代砺看到这句话的时候，已经是 2012 年 3 月 19 日晚上，经过了一整天忙碌的拍摄，他拖着疲惫的身躯回到家，整个人埋进沙发里刷微博。作者“走饭”在说完最后一句“大家不必在意我的离开”之后，就永远地告别了这个世界。“我不知道有多少人对这句话有感触，但在那一瞬间，我被刺到了。”代砺深深地惋惜，也隐约升起一种兔死狐悲之感。

作为一家时尚杂志的编辑，主题、风格、拍摄地、摄影师、模特，事无巨细，入行六年的他对工作流程早已驾轻就熟，工作之于他，已不再是初出茅庐时的激情与挑战，只有痛苦的重复和循环。他觉得，那些话就像是在形容自己的生活和工作状态，字字入心。“没有生活了吧，全部被工作填满，可又找不到自己的价值，看不到前景。”为了什么而存在，奔跑的前方是什么，努力向上又是为了什么，代砺反复问过自己，也和好朋友交流过，没有人能够给他满意的答案。

得知新一期杂志将以“初夏宁静”作为主题，代砺和同事在会议中激烈地讨论拍摄地的选址问题。最终，代砺和摄影师二人提前三天飞到青海选景。此外，他们还作出了一个决定，要在工作结束后去参加陈坤发起的西宁城市行走活动。“行走，是为了和自己的心灵对话”，代砺莫名地喜欢这句话，更期待一次完全禁语的行走。在西宁的几天里，代砺去青海湖走了一遭，怀恋地捕捉着仓央嘉措的气息；去清真寺观摩礼拜，他又深深地为伊斯兰教徒们的虔诚震撼着。

在选定了几处景点之后，代砺也通过当地朋友的帮忙，拿到了拍摄的相关许可。工作结束，朋友带着他和摄影师在西宁最繁华的街道上走着，“为第二天的行走热身”。从北山向着南山，没多久便走出很远，直到走过那个地下通道。在西宁市南门外体育场南侧的绕城公路上，代砺远远地看见“青唐城遗址”几个字，而重修却刻意做旧的城门，让代砺有点失望，兴趣缺缺。越走越近，才发现这城门后头别有洞天。一段长得望不见尽头的土筑城墙在绿树掩映中默默伫立，每一丛杂草，每一个孔洞，都像在微风吹拂中，缓缓地讲述着那些诉不尽的往事。

青唐城，汉为临羌县地，属金城郡，后又改为西平郡地，十六国时期，为西平郡城。唐为鄯城县地，宋初吐蕃唃厮啰据其地，建立唃厮啰政权。唃厮啰原名欺南凌温，是吐蕃王朝赞普后裔。唃厮啰一名，意为“佛子”。据宋人李远《青唐录》记载：“城枕湟水之南，广二十里，旁开八门，中有隔城，以门通之，为东西二城。”西城为“王城”，东城为“商城”，行政区域划分明确，日益繁荣。

半个多世纪后的1099年，青唐城被宋军收复，改名为鄯州；不久，青唐城再次被唃厮啰占领。十二世纪初，宋军卷土重来，将这里重新收复，并改名为“西宁州”，西宁两个字，也一直沿用到今天。唃厮啰之外，青唐城也是宋、金、西夏和元代的西宁州的城址。一直到公元1386年，原青唐城的北半部改建成了西宁卫城，面积只相当于青唐城的一半。在此之前，青唐城作为西宁地区的政治、经济、文化中心和交通枢纽，占有十分重要的地位。而这一段长达300米的古城墙，就是青唐城南城墙的遗址。

已故的藏文化专家吴均先生曾在《中国地理论丛》一文中说，“青唐”是藏语，但是否为“吉塘”之译名，则难以完全肯定。在《宋史·吐蕃传》及《宋会要辑稿》等书中，还有以青唐为名的部落，为宋初秦州地区吐蕃大部落，古称青唐羌，是唃厮啰政权建立时的主要联盟部落之一。

朋友絮絮地讲述着青唐城的故事，这一段看上去不过是黄土堆砌而成的墙，却经历了千百年的风风雨雨，饱尝沧桑，悍然不倒。沿着城墙向东走，石板铺就的路面崎岖向前，杂草茸茸地裹着鞋子。残垣上斑驳点点，满是射箭和石头砸上去留下的痕迹，孔洞中也绿草丛生。这是它胸前一枚枚的战斗勋章，亦是历史的见证。曾几何时，它或许也试图开口劝止战乱，却终以沉默代替，只静静承受。

西宁是一座不善言谈的城市，宁谧淡然，一如西宁人的朴实寡言。古城墙像一位阅尽千帆的老者，看似悲壮漠然，却满是包容祥和。如今，城墙边已建起了公园，免费对外开放，以供西宁市民节假日游走赏玩，共享天伦。

与城墙相对的，是一排排列队整齐的丁香树。朋友说，丁香是西宁的市花，花开得早，四月中下旬，就可以开得满西宁都香气扑鼻。路旁的丁香，花期几乎过了，树上的花已渐渐凋落，只闻得见淡淡馨香。

继续向前，是青唐城的城图。一大片青石板上，城的轮廓尽收眼底。兴衰不过一场又一场的轮回，那些年战火硝烟的味道，业已消失无踪，被城墙吞进了骨血之中，换来一片安闲沉静，什么都没发生过的样子。

吴敬梓在《儒林外史》中写有：“三十年河东，三十年河西。”《三国演义》开篇便有：“话说天下大势，分久必合，合久必分。周末七国分争，并入于秦。及秦灭之后，楚、汉分争，又并入于汉。汉朝自高祖斩白蛇而起义，一统天下，后来光武中兴，传至献帝，遂分为三国”。

西晋末年，匈奴贵族刘渊始建汉赵，成为十六国时期少数民族建立的第一个政权。从 304 年建汉赵，到 439 年北魏灭北凉，割据战乱的十六国时期也不过持续了区区 135 年。秦始皇统一六国之后的我国封建王朝，包括经历了“贞观之治”和“开元盛世”的大唐王朝，也不过 290 年便走向灭亡。

在时间的荒原上行走，多少个今天成了历史，变了曾经。那些沉甸甸的历史，不过是故人背上的行囊，来了又走，去了又回。风雨和喜悲，消弭无形，随风而逝。你争我夺的岁月里，谁曾料想，1000 年后，一切终化虚无，留下的不过是这一堵无声胜有声的残垣。

人生在世，难免会误以为痛苦难以修复，坠落进万丈深渊，在永远暗无天日的时间河流中沉溺。殊不知，只要你愿意，那些年轻时的阡陌交错和荆棘满布，是会随着时间烟消云散的，弱到你都感觉不到它，忘了它曾经也来过。就像这城墙，打不烂、砸不倒、压不垮，那些走失的苦难，也变得甜美珍贵，简单纯粹。

100 年后，谁还记得你我和那些“了不得”的凡尘琐事？活在当下，何必执着。

公园里，老爷爷高举着双手悠然走过，含着棒棒糖的小女孩像是不情愿地被爸爸妈妈拖着挪动小步子，同来的摄影师已和代砺默契地作出了三天后在这里拍摄的决定。所谓“初夏宁静”，不外如此吧。代砺笑了，双眼直视着这一段经过岁月洗礼的城墙，眼神明亮，灿若星辰。远处的北山隐没在蒙蒙细雨中，一幕海市蜃楼。

青唐的故事还没讲完，朋友说：“他最愿意相信的说法是，‘青唐’译成藏语的意思，是幸福”。

水井巷

水井巷，因一眼水源而得名。西宁最著名的小吃街，东起商业中心西门口，西止北大街。

陈雪，女，27岁，西宁人。2008年，陈雪大学毕业，从小到大都没有离开过家乡的陈雪第一次想到了“出去看看”。她毅然决然地选择了“北漂”，也曾在上海、杭州等地“寻梦”。2010年又回到西宁。2012年5月26日参加城市行走。

“老板，两碗酿皮，多放辣子和面筋。”走出王府井百货，陈雪又一次回到了陪伴自己长大的水井巷。这里的历史变迁，便宜的藏饰和各色小吃，青藏高原的特产干货，每一间店的位置，陈雪都烂熟于心。陈雪带着我随意拣了一家小店靠窗坐下，可以看到窗外往来的行人和耀眼的阳光。水井巷伫立在这座西宁古城里已经三十多年了，每天吞吐着数以万计的西宁人和慕名而来的外地食客，繁荣着水井巷，也受用了世人。

“这里为什么叫水井巷？”作为一个外地人，我对这条2里长的巷子产生了好奇。陈雪拿起桌边的醋在碗里倒上一点，用筷子轻轻地挑着嫩黄的酿皮，被红油簇着，看上去格外鲜嫩。面筋也很新鲜，吃一口，酸辣开胃。“你问对人了。”她眉飞色舞，“水井巷南边有一个洞眼，叫‘水眼头’，我爷爷奶奶年轻的时候就住在民主街和水眼头一带，你看这里现在这么热闹，解放前还是菜地呢。”她指了指窗外，我循着方向看去。“后来，姓贾的和我们姓陈的大户就在这里置地开店，卖些馍啊水烟之类的，也就是水井巷的前身了，当然你现在看到的，已经是政府翻新改造好几次的了。”

“你吃啊！”她把我的碗向前推了推，“像这酿皮啊，酸奶、羊肠面什么的，都是我从小吃到大的，走到哪都会想。” 我看着她的眉眼，和这些天里看到的所有西宁人一样，乐观直率，简单热诚，对这片土地有着浓浓的依恋。酿，本来读 niang，当地人却喜欢读成 rang（读“瓤”）；和粳皮一样，读 jing，当地人读成 geng，都是约定俗成的方言发音习惯。外地人不知道，就照字的本音读了，可一开口，老板也知道你想吃的是什么，各念各的音，重要的是美味吃进了嘴里。这种默契，恐也是其他城市少见的，西宁一趣。

陈雪是土生土长的西宁“丫头”，2008 年夏天，22 岁的她毕业于西宁当地的一所大学。在拿到毕业证书之前，陈雪拒绝了西宁一所中学的邀请。“你的理想是什么？”我问陈雪。理想？这太多了。她笑着说：“我从 5 岁开始就信誓旦旦地对每个人说，我要当老师！因为那是太阳底下最光辉的职业！”如誓言般坚定。她停了一下，“2008 年之后，我没再提过当老师的事。”

那是“烈火烹油、鲜花着锦之盛”的一年，北京举办国人自己的奥运会。别人不知道，但陈雪内心强烈的主人翁意识，使她的骄傲和自豪之情无以言表。最让陈雪感到震撼的是奥运开幕式上李宁点燃圣火的一幕。圣火传递途经 19 个国家，共有 21，800 名火炬手参加，传递距离达 137，000 公里，历时 129 天后才真正点燃。但全世界都在关注，为我巍巍中华赞叹不已的一瞬间，却让陈雪莫名失落了起来。

“这是北京人的骄傲。”内心的自豪感渐行渐远，陈雪觉得，自己不过是个看客。她迫切地想要冲出这个西北小城，融入现代化的大都市。“我只想离开西宁，出去看看，天安门到底什么样？上海的楼到底多高？北京的王府井和西宁有什么差别？”奥运会结束后不久，陈雪和父母长谈了一次。“我想出去闯闯，去北京，去上海，或者任何一个一线城市。”

谈到当时的自己，陈雪只说了三个字，“心活了”。“我那时信心满满，对于自己生活了二十多年的城市没有丝毫留恋，一心想要离开。”她说，自己就像是一条生活在矿泉水瓶里的锦鲤，长到伸不开胳膊腿的时候，就想要冲破牢笼，亲眼看看外面的世界了。陈雪在大学里读的专业是英语，根据专业，她把投简历的重点放在了翻译、商务公关和外贸业务员上面，想要尽可能发挥自己的长处，也涉猎更多更广大的领域。

“之后半年多的时间里，我去了北京、上海，还去了杭州，参加了好多场双选会，递出了太多的简历，不计其数。那时候还和自己的同学开玩笑说，我们这叫‘海投’。”

起初，陈雪还对响起的电话铃声有所期许，她渴望良好的工作环境、友好而有才华的同事，对前程远大的发展空间无限向往。一个月，两个月，六个月过去了，偶有陌生来电安排面试时间，到头来却也是一场空，一无所获。她不知道如何排遣心里的压力和不快，变得烦躁易怒，常常一整天也不怎么说话，不和任何人交流。“父母常常在电话里劝我说，‘要不就回来考公务员吧’，我完全听不进。”“我究竟可以做什么？我想要的是什么？”陈雪困惑了。

陈雪说，她当时并不愿承认在北京碰了壁，但还是选择了南下去上海走一遭。“地铁里、街道上，每个人都按照自己的频率向前走，他们专注于自己的脚步，走得很快，但脸上是淡漠冰冷的，看上去心事重重，没有人会为别人的踌躇停一停。”

“橘生淮南则为橘，生于淮北则为枳”。陈雪觉得，虽然同是为理想和生活打拼，但又真的不一样啊。接着，她想起了一次在上海的面试。“那时已经觉得自己是身经百战的面试老手了，就和旁边一起等的姑娘聊天。”陈雪有着西北人典型的直率和淳朴，面对操着一口吴侬软语的苏州姑娘，陈雪微笑着说：“我是西宁过来的。”“悉尼？你是澳洲华侨？”姑娘诧异。陈雪不知道说什么好，为自己的家乡叫屈，也第一次质疑自己，是不是出来错了。

当晚，陈雪在上海的一家日式装修风格的拉面店里解决了晚饭。对陈雪来说，面的价格有些贵，“比水井巷的羊肠面贵好多”，陈雪心想。面条很筋道，碗里装饰着甜脆的玉米粒、细长的金针菇和大片的牛肉。陈雪喝了一口汤，是她没有尝过的味道，但她也不得不承认，她想羊肠面，想酿皮，想酸奶，想她的水井巷、莫家街，想那个城市了。

回西宁后，陈雪在家里蒙头大睡了两天。“起床后第一件事就是来水井巷吃东西，真的饿坏了。”酿皮的碗已经见了底，浓稠的红油闪着光，我们谈性十足。“睡醒之后我还是不平的，但是来这吃了碗面，又在这一带来来回回走了很多遍，什么都明白了。”

“西宁人的生活节奏很慢，虽然发展得不如内陆和沿海城市那么繁荣，但你也可以看得出来，西宁人很乐观。”斜前方是一家很小的烧饼店，就一个 4 平方米左右的小房子，夫妻俩都穿着白褂子，头上戴着一顶干净的小白帽，妻子在后头加鸡肉或牛肉的馅子，丈夫在前头叫卖。食客虽然络绎不绝，两个人却配合得极是默契，有条不紊。陈雪指着旁边一家面馆正在倒腾面团的师傅说：“西宁人管这叫面匠，用‘匠’字来表示对这手绝活的尊重”。面匠手里的面团上下翻飞，三两下就扯成了细长均匀的面条，神情专注而自得，乐在其中的样子。

我想答案已经呼之欲出了，她却又卖起了关子。

“你知道‘狗浇尿’ 吗？”什么东西？我茫然。陈雪得意一笑。“狗浇尿是西宁的一种饼，烙的时候要在锅边细细地滴上一圈油，就像小狗撒尿一样。名字不好听，可我真觉得离不开这味道。西宁人，特别是西宁的回族人，从小吃着它长大。可你说，它真的那么好吃吗？”这是陈雪第几次笑了？

“以前的冬天，几乎每天放学都和同学来水井巷，两个或三个人合吃一碗热乎乎的杂碎汤再回家，大满足。”

“好像 2008 年的时候吧，西宁为了创卫避免脏乱差，杂碎汤的小店就关了很多，我还难过了好一阵。”

“西宁还有一绝就是老酸奶。我问过很多卖自制酸奶的小店，他们根本不懂用皮鞋怎么做出酸奶来。在他们看来，那是老祖宗传下来做酸奶的土法，丢了可惜。”

她的眼圈有点红。

“那个时候，我根本不愿意回头，甚至低头看看这个我生活了 22 年的城市，以往每天都会来的地方，我都没正眼看过，心不在这儿；只觉得，沿海的花更香啊，内地的楼更高啊，外面的什么都好，但都不是我的，都不是。”

“那天在这里来来回回地走，看着形形色色的人，你说，他们不辛苦吗？不累吗？但是他们看着比我开心多了，好像活得特别满足，连街上烤串的回族人都载歌载舞地吆喝，我除了伤春悲秋和好高骛远之外，还真没做什么对得起自己和这个社会的事儿。”我笑了，这算憨直吗？

“你喜欢上行走是那天之后的事儿吗？”她点点头，抿着嘴笑。陈雪已经在西宁的一所初中教了3年英语，想起她班上的48个活宝，她感到前所未有的满足。这一次，她带领着班上的所有孩子，一起参加了西宁的城市行走。“西宁人喜欢教育孩子长大以后去内地发展，他们希望自己的子女有更好的前途，但并不是每一个人都适合。北漂不是不能成功，蚁族也可以奋斗，但你是不是真的知道自己在做什么？什么才是真正适合自己的？”她像是在问我，也在问自己。

“我要什么呢？成功，名誉，金钱？没有什么比努力之后的现在更美好，我希望我能通过行走想明白的，我班上那些家伙，和以后我自己的孩子都可以。”“这里，”她指着窗外，“还有西大街、南山公园、北禅寺……中心广场每天都有人扭秧歌、锅庄，还有跳拉丁的，我还能去哪儿？哪儿都不想去了。”

“可能一辈子都过不上我爱的那种生活，但我可以爱上现在的生活。行走教我的其实就四个字，‘活在当下’。”她摆摆手，“不说了，再说就矫情了。”

“老板，再来两碗酸奶吧，糖我们自己加。”

北山寺

北山寺：西宁北山上集儒、道、佛三教于一体的寺庙群。一千多年前，北魏旅行家郦道元跋涉到西宁，于《水经注》中写道：“湟水东流，经土楼南，上有土楼，北依山原。峰高三百余尺，有若削成。”北山寺被千年风雨洗刷，成为红砂岩的天然断层，像一层层的土楼，又称“土楼观”。北山上寺院与道观错落有序，仙气很重。山的东侧悬空矗立着一座高达 30 米的巨大佛像“露天金刚”，传说只有深具佛性的人，才能看到“闪佛”。

梁斌：男，27 岁，西宁人，大学毕业后回到西宁工作。3 年前，一段恋情让他陷于痛苦的泥潭。有一次去爬北山，突然对于生活有了新的理解。自此，他每个月都会去爬山。2012 年 5 月 26 日参加城市行走。

他一个人去了北山，走在被雨打湿的泥泞小路上。这初秋的雨，下起来延绵细腻，不见有停的迹象。从山脚下看，山上烟雾缭绕，香火弥漫。他上回来北山还是十几年前的事，爷爷奶奶还在的时候，几乎每年重阳节都要来这里登高祭拜。记得半山的石头下还压着一只蛐蛐，不知道是不是已经化作尘土了。小时候不喜欢去大殿里，磕头跪拜是个多累的活儿！他宁肯钻到花丛中，看两只蛐蛐打架，玩腻了就用石头把它们压死。

童年像隔岸的烟火，忽明忽暗。他想不通，自己幼年时咋能那么残忍。却不知道，若有人站在十几年后回头看，也会笑他如今失神落魄的样子。头发许久没理了，眼神凝滞，瘦得有些脱形。这些他都不介意，最扎人心窝的是，脚上那双她送的球鞋被染成了泥船。他闭目站立了一会儿，想起她的怀抱，心口被狠狠捶了一拳。连忙抬眼看半山的残壁，岩间凸起的大佛还在，仿佛那是他最深的依托。

沿着小路往前走，上了一座石桥，踩过潺潺的流水声，他知道自己踏入了北山寺的地界。杨树的枝叶伸到了桥栏上，被雨水打得颤悠悠。

桥头左转的斜坡上，雨雾中支着一个卖香的摊子。一位老奶奶坐在彩虹色的大伞下，用一块透明塑料布遮住兜售的香。他走过去，老人用西宁话招呼："买香喽，烧香敬佛了。"他问老人："奶奶，这山上什么神最灵？"老人笑了："都灵！玉皇大帝、王母娘娘、财神爷、观音菩萨、弥勒佛，不管道观佛寺，只要你诚心，神仙都会显灵。"

老人的话与他奶奶讲的如出一辙。西宁的老人都说，北山是个神灵聚会之地。这里并非是青海最大的道观，也不是最著名的佛教寺庙，但这里有一种神秘的气息，是伫立在时间之外的一块仙地。

北山寺最神奇之处是，集佛、道、儒于一山，山上供着诸多神仙，甚至连阎王也供。老人们深信，这不仅相安无事，反而给北山添了神秘的色彩。走的时候，老人在身后叮嘱他："都要拜到了，一个也别落下。"他自小不信鬼神，此刻却寄望菩萨能救自己。如今这个躯壳只剩下半口气，另外半口气，早已丢失在过去一年狂热又沉沦的时光里了。

他没想到会爱上一个大自己12岁的女人，一脚踩进了万劫不复的深渊。认识她以前，用她的话讲，他就是个瓜娃！尽管大学里与女孩牵过手，毕业后也谈过恋爱，但那些与她相比，不过是河沟之于沧海。在海里冲过浪，他才懂什么叫命悬一线。

他的工作非常枯燥，在城西的一家邮局，给待寄的包裹检查和装箱。他曾向父亲抱怨了一年多，怎么把他安排在这么个无聊的单位。生活像一潭死水，直到有一天，一个女人出现了，打破了那湖面的沉寂。

她来寄包裹，踩一双细细的高跟鞋，穿着合体的短裙，头发绾成松松的发髻。他让她把几兜东西都倒在台子上，逐个地检查。有几件是贴身的男装，大部分是书，还有一些食品与杂物。他问她寄到哪里。“新西兰。”她说。他看见她用英文写下几行娟秀的字，纤细的无名指上戴着戒指。“这个不能寄。”他挑出一瓶辣酱。可能是自家做的，用原先盛蜂蜜的玻璃瓶装着。她一愣，停下手中的笔，“我会把它包好，不会打碎。”声音轻柔又坚定。

“按照规定……”他刚要例行公事……

“拜托了。”一副精致的耳环在他面前轻轻摇晃。

他想了一下，用塑料膜把瓶子连包了三层，放进箱子里。他不说话，只严肃地打包。她也没说什么，冲他莞尔一笑。

几周后，她又来了。穿一双米色的高跟鞋，婀娜地走过来，拎着几兜东西。他们之间有了默契，他悄悄地放过一些“禁寄品”，她则报以他感激的微笑。有一次，她在临走时塞给他一瓶辣酱，是用草莓酱的空瓶子装的，“我自己做的，你尝尝。”他坚决不要，她不再说什么，放在台子上，转身就走了。他满脸通红，看着周围，像做贼一样。

当天晚上回家就打开吃了。“哪来的？”母亲问他。“同事从家里带来的。”“男的女的？”母亲追问。“男的！”他不耐烦地搪塞。

从此以后，等待她，就成了一个苦差事。她一个月左右来一次。每次细细“检查”她寄出的生活琐物时，心里都五味杂陈。有一次，看到一张儿童画的水彩画，被木纹的相框装裱起来，画上是一个戴眼镜的年轻男子，正在草地上跳舞。他假装不经意地问：“这是谁画的？”“我女儿。”她的声音永远细腻而沉静。

她每次来的时候像一阵轻风，走的时候像一场细雨。他需要用很长的时间，才能把心里的潮湿晒干。有一次，晒干了很久，已经干渴，干裂了，她仍然没有出现。他忽然开始反感女同事们开起玩笑来的嘎嘎大笑声，再也听不进去身材发福的大姐们跑过来逗他的黄段子。他厌恶了那永无休止的堆上来的包裹，以及冰冷的打包机的咔嚓声。没有她，眼前这一切如同一堆散发着腐味的垃圾场。

再见到她是深秋的季节。那天刮着大风，他看到窗外一丛丛的落叶被狂风卷到空中，落下来，又被卷起来。晚上下班后，他像往常一样换好衣服，走出邮局大门。忽然听见有人在身后“嗨”地叫着，狂风中听不清楚。他往前走，再次听到有人呼唤，他转头，是她。穿一件长风衣，露着细细的脚踝，头发被风吹得凌乱。他非常吃惊，一时间反应不过来。

他坐在她的车里，像做梦一样，努力想着她来找自己的原因。她带他到一家餐厅吃饭，柔暖的灯光下，她的面色有些憔悴。点了酒，不怎么吃东西，只一杯杯地干。他看到她的戒指不见了，也不问什么，揣测着她心里的苦。“从见你第一面就知道，你会对我好……”半瓶青稞酒下去，她说着疯话，然后开始哭。寒冷的夜晚，他用沉默来纵容她。

他不知道自己怎么去了她的家里，用情欲来填补缺失或寂寞，这并不是他想要的。他有自己对于爱情的理解：尊重与给予、责任与信赖。同时，仍有一些在传统观念里长大，无法逾越的道德约束。然而，他很快就发现，之前所有的“信念”，在一种真实的情感之下，几乎不堪一击。这种情感就是：她需要他。

他对母亲说，想把爷爷奶奶那套空房子收拾出来，自己去住。母亲责怪他“离你上班那么远，要整啥子！”他借口说最近单位要考职称，住那里看书安静。母亲又道：“你爷爷那房子堆着你爸的破烂呢。你去收拾？”

他不能忍受她的房间里写满另一个男人的痕迹，不能忍受床头边被扣下的相框里，还宣告着他们以往的恩爱，他更不能忍受自己走进了另一个男人的家，尽管那个人也许想丢弃这一切。他找了个双休日，把小院的平房彻底规整了一番。收拾出两间空房，又花了一周布置。他用了全部的心思，把它弄得像一个家。她第一次走进这个院子时，他已经做好了一桌饭菜等着她。她转过头去，不让他看见她的眼泪。

在他看来，那几个月是他们最快乐的时光。除了周末她女儿从寄宿学校回家，她平时都留在这里。她喜欢在月光下盯着他看，眼睛里闪着晶莹的光，像能看穿他的心。她比他大整整一轮，脑中有太多他不懂的东西，他觉得自己在她面前自卑而又无处遁形。他迷恋这种感觉。有时候，她随口讲的一句话，他都会牢牢记在心里，反复地琢磨、研究。她像一本读不完、看不透的书，越读下去，越深深地着魔。而她爱自己什么呢？无数个深夜里，他曾经想问她，既盼望却又怕听到答案。他怕她爱的仅仅是自己的躯壳，然而有一天她告诉他，是纯洁，是她见过的最清澈的纯洁。

他迷惑又感动，小心翼翼地爱着，从不碰她的痛处，也不问她如何面对自己的婚姻。他只是等待，等待着有一天她可以完全地属于自己，他会尽起一个丈夫和父亲的责任，和她一起白头偕老。

他们的争吵是从某一天夜里她的哭泣开始的。他被她压抑的哭声吵醒，枕头已经湿了大半。他先是心疼，将她搂在怀里。然而她哭得越发猛烈，撕心裂肺。他感觉有些不对。那天夜里，他们终于将那层薄如蝉翼的纸捅破，彼此探到对方的心里。

他坦白地告诉她，一生最大的愿望就是娶她，如果他可以有这个权利。她也十分坦白地告诉他，这不可能。他的家庭不会接受她，另外，她也承受不了社会的压力。他突然爆发了，认为这些都是借口！原因只有一个，她还爱她的丈夫，还想挽回那个婚姻！

第二天晚上，他回到父母的家，将他们的事和盘托出（除了她还没有离婚），他请求父母支持他的婚姻。他母亲惊愕之后非常平静，马上托人帮他介绍女友。父亲的反应更为干脆，只甩给他一句话：除非断绝关系。

他不会撒谎。当她知道他父母的态度后，他十分敏感地察觉到，她心里的天平悄悄移动了砝码。有一天夜里，她的手机响了，她躲到洗手间去接。她承认是丈夫打来的，并且向他坦白，她有心挽回这个婚姻。

他就此陷入了沼泽，多少次在梦里哭醒！像受伤的野兽，静静地忍受着伤口撕裂的疼痛。那些日子他不敢回家，母亲虽没有做出冲上门来的举动（这一点让他深深地感激），却不停地在电话里催他相亲。有一次，他实在扛不住压力，去见了一个女孩，没想到对方对他一见钟情。他母亲像发了狂一样，不停地安排他们相见。他不敢瞒她，一切都向她坦白，每一次都深深刺痛她。

他们也曾想过分手。但世上有一种魔鬼，会画出最美的海市蜃楼，迷惑那些饥渴困顿的人们。一旦被它吸引，便如痴如醉，甘愿陷进万劫不复的深渊。这个魔鬼叫爱情，被它吸引的人就像赌徒，不燃烧至尽，不将尊严碾碎，不输掉最后一张牌，是不会罢手的。

他们在无数次的争吵后抱头痛哭，在床上缠绵难舍，生死相依。他终于尝到了爱情的果实，那先甜美又苦涩的滋味。尽管如此，他并没有放弃希望，总是在最动情的时候脱口而出，“我们会在一起吗？”然而，9 月的一天，她告诉他，她丈夫要回国休假半个月。他几乎要崩溃了。

“你为我引路、掌着灯。
我怀着不安的心情走进你洁净的小屋。
我赤着脚走得很慢，很轻，
但每一步还是留下了灰土和血印。”

这是他在收拾父亲堆在平房里的杂物时，找到的一本诗集。是一个叫曾卓的诗人写的。他含着眼泪将它读完。

“我饥渴，劳累，困顿。
我远远地就看到你窗前的光亮，
它在招引我——我的生命的灯。
我轻轻地叩门，如同心跳。
你为我开门。
你默默地凝望我，
那闪耀的是泪光么？”

他手中握着几把香，朝北山上走去。也亏得是雨天，香客稀少，才使得如此清净。闻着松柏、杨树、青草、石子以及潮湿的空气混在一起的味道，还夹杂着一种说不出来的神秘气息。不远处香案的烛火被风吹得飘摇不定，一块被雨水打湿的石头上，落着几点花蕊。这里不属于人间，很仙气，世间事仿佛都无法打扰你。

各大门派的神灵聚集此地，他不敢怠慢，从灵宫殿开始，沿着王母殿、三清殿、万圣殿……一一拜过。到达半山的大佛脚下时，见一只不知何处来的孔雀，正对着天空鸣叫。他从不知孔雀的叫声是这样的，像受伤的灵猫，又像饥饿的婴儿。叫过几声之后，它开始沉静地踱步，深绿色镶着“蓝宝石”的长尾上沾了一些泥泞。他站着等了它一会儿，心想，若是开起屏来，该有多美啊。

那只鸟儿似乎猜到了他的心意，把它骄傲的头颅摇晃了几下，突然向他冲来！他大惊，急忙后退，不知被什么东西绊倒在地上。等他回过神来，孔雀已经冲到面前，坚硬的短喙对准他的心口，就要啄过来。他突然闪过一个念头，不如被它啄死吧。他闭上眼睛，忽听一声长啸，伴随着树枝拍打树干的声音。再睁开眼时，那鸟儿竟奇迹般地收起凶相，抖动一下美丽绝伦的孔雀翎，转身离去。

他站起身，拍打着身上的泥泞，白净的手指上沾满了泥土和草叶。见不远处站着一个清瘦的道士，穿着青色的道袍，头戴方冠，手持一把杨树的枝干。他微微躬身，向那人道谢。道士微笑："美丽的鸟儿最伤人。"他怔怔地望着道士。鸟儿已不知去向。忽然想起剩下的香，低头一看，全被压碎了。他正在可惜，道士却说："心念已到，香火无碍。"

他道了谢。不远处一个牌子上写着"游客止步"，长廊尽头有一尊木雕的菩萨，已经被烧得面目全非。

他问道士："菩萨为何也会受苦？"道士答："是你的心在受苦。""菩萨会救苦救难吗？""神仙不会救人，人只能自救。"他像抓住了救命草："如何自救？""世间事不过是，随心去做，承受结果。"

他心中已有答案，再次谢过。爱是劫数，既然躲不过，就去做吧，做了就放下，放下就忘了。他回到小院里等她。十几天后，她来了，却告诉他，已经向单位打了申请，正在准备去新西兰的手续。

他以为炼狱里充满了尖利与血腥。他错了，非常安静，就像他曾轻轻走进的那个洁净的小屋。

5月的一个早晨，有个女孩来寄包裹。瘦高个儿，清秀的模样，戴着黑框眼镜，胸前挂着一个工作牌，写着"行走的力量"。

她填邮寄单的时候，那股认真劲儿特别可爱，他想跟她调侃几句：

"行走是什么？就是走路吗？"

"不说话的走路。"

"干吗行走？"

"让心安静啊。"

"干吗安静？"

"安静就可以听见自己心里的声音。"

"干吗听见自己的声音？"

她看着他，“听见了就能跟着心走。跟着心走，就不会痛苦。”她停了一下，加了一句，“我们老板说的。”

他想起了一年多前的北山寺上，道士讲的那句仙机。“你们老板不错。”他笑了。

“那不如跟我们一起行走吧。”她望着他，眼睛里闪着晶莹的光。

他又去了一次北山。很巧，也是一个阴雨天。北山寺在烟雨中恍如一幅丹青水墨画。清朝诗人张思宪曾作《北山烟雨》一诗：“北山隐约树模糊，烟雨朝朝入画图。却忆草堂留我住，爱他水墨米颠呼。”若还在深渊里，该错失多少美景。

一条寂静的长廊里堆着木条与瓦砾，他记得这是那尊被烧毁的菩萨曾站立的地方，如今正在修建。工人们似乎并不在赶工，三三两两地或蹲或跪在地上，往墙上写漆、描画，像做一件精细的艺术活儿。青烟飘过时，有道士淡然走过，不问世事缘由。

他向人打探那个青袍道士。问了很多人，没有人知道。后来去问管理员：“就是那个穿青色长袍的道士，还养了一只孔雀。”那人责道：“哪有什么孔雀！这山上几十年也没养过孔雀！还有啊，这里的道士都穿大褂，不穿长袍！”他一时愣在当下。

倒是在山顶的一座塔庙里，见一位老道士在写字。他过去问，能否测字。老道说只问不测。他问：“我还能见到她吗？”老道不语。他再问：“我们还能做朋友吗？”老道提笔写了几个字，递给他。只见闲云野鹤般的两行草书：

“仙人多了忘，天涯若比邻。”

他一惊，将字条握在手中。此时细雨初停，夕阳已斜，烟气仍氤氲不散。他伫立在北山之巅，面朝东南的方向。有一个声音仿佛来自天边，又回荡在苍茫无语的西北大地上。

倒淌河

倒淌河：可能是世上唯一一条从东往西流的河。发源于日月山西麓的察汗草原。海拔约 3300 米，全长四十多公里，自东向西，流入青海湖，故名“倒淌河”。随着地理变化，倒淌河逐渐“缩小”，目前只有一小段几十米长的河洼。

俞浩波：曾是青海省高考理科状元，在北京某名牌大学毕业不久，就在中关村拥有了一家数百人的企业。几年后，网络泡沫，公司破产。他远赴美国学习，2004 年回国再度创业。目前他的公司正在上市准备中。

西宁，小圆门食府。比我们早一天到达西宁的俞浩波先生，执意要尽地主之谊。俞浩波是西宁人，8 年前从美国回来，现居北京。

我们原想，不必麻烦了。对方是琐事缠身的公司总裁，好容易回一趟家乡，岂能得闲。俞总却一再邀请，似乎并非客套。

酒桌上，觥筹交错间干掉了许多陈年旧事。一抬头，尘满面，鬓如霜。俞先生叹：“这些年疲于奔命，已有十多年未回西宁。加上父亲故去，母亲与兄长定居美国，乡中再无牵挂。此番若不是友人极力邀请参加‘西宁城市行走’，归乡仍不知几时。”

“不怕你们笑话，这次回来竟找不到一个喝酒的人。走得太远，找不到根喽！” 话虽如此，眉宇间乡愁却浓郁。

正午的西宁，艳阳高照，倦鸟声细。已有三分醉意的俞总，忽而聊起童年往事，提起最多的是“倒淌河”。

全世界只有这么一条河，世间的水奔流向东，唯有它缓缓西行。

幼时不懂父亲为何独爱这条河，常常带全家人前往。俞浩波脑中印象最深的画面：他与哥哥在河边尽情玩耍，母亲一手拿一只煮熟的鸡蛋，笑着朝他们走来。父亲远远地，用一架海鸥牌相机给他们拍照。

……

我们提出，想去看看那条倒淌河。俞总眼睛一亮：现在就去。

车子向西行驶在青藏公路上，两旁景致有若天壤。左侧是延绵雪山，初夏时节，积雪尚未融化；右侧是一望无际的碧绿草原，牛羊低头，悠然觅食。“到了盛夏，路两旁会开满油菜花，像站满身穿黄金盔甲的卫士。帅极了！你们一定要来……”

故地重游，俞总兴奋不已。一边给我们描绘公司上市后的蓝图，一边热忱地许诺，“等公司上市了，我来这里建一片生态园……再奋斗 3 年，就 3 年，我打算退休，告老还乡……”

一群牦牛懒懒地横跨公路。越野车放缓速度、停下来，为它们让行。在时光片刻的停滞里，西北风轻轻吹动草尖，嫩草们伸着懒腰。

再启程，忽而发现，前方的路，与天际融为一体。这条往西的路，仿佛通向天尽头。天尽头有什么，是自由与宁静吗?

还有，那一条自东向西的流水，究竟有怎样神秘的力量，在召唤我们。

“再往前，过了日月山，就是倒淌河了。”俞总颇有兴致地给我们讲述倒淌河的故事。这条河全长四十多公里，从日月山流向青海湖。传说当年文成公主进藏时，因思念故乡，泪流成河。她的眼泪汇成一条倒淌的河流，像一条缎带，落在这片安静的草原上。

车子继续西行，俞浩波忽然沉默了。他的视线始终望向车窗外，试图在寻找什么。我们看不见河水，目光所到之处，只有延绵到天际的草原。

倒淌河“消失”了。她曾经用无限柔情抚慰过的河岸，如今已经化作草地，赤裸地袒露在烈日下；她曾经用天籁之音吟唱过的优美寂静之声，如今已经荡然无存。

唯有记忆，在风中飘荡。

佛陀说，一切有情生命，远胜于有求必应的宝石。只是世间之人的执念，使他们看不见真正的方向。

车子继续向前行驶。不知沉默了多久，忽听一声高喊，“停车！”我们跟随俞浩波下车。穿过一片长满野花的草地，看见一条细细的河流。她细弱的身躯，安静地躺在青海的草原上。曾经宽阔的河床，被岁月的刀锋，砍剥得只剩下两米见宽，而四十多公里长的河水，只剩下眼前可望见的一小段。

“什么破河！这就是倒淌河吗？”仿佛能听见慕名而来的游客，因失望发出的怨吼声。是的，这就是倒淌河，世界上独一无二的倒淌河，一条寂寞无比的河流。在一个喧闹的时代里，它理所当然地正在被人遗忘，甚至抛弃。

起风了。俞浩波衬衫的衣角，在风中狂舞不止。风倒是没怎么吹动那片河水，那条河几乎干涸了。20年前，父亲还在的时候，常一家人坐车来到这里。兄弟俩曾无数次地央求父亲，希望被允许跳进河里游泳，但从未得逞。兄弟俩只能把脚伸进清凉的河水里，欢快地嬉闹，捡河边的石子玩儿。仅仅这些“枯燥”的把戏，也能让兄弟俩欢乐一个下午。父亲不拍照时，喜欢一个人在河边抽烟，长久地望着河面，仿佛有想不完的心事。那时的河水像一条缎带。那时他还没离开家乡。

此刻，坐在倒淌河边，俞浩波抓起河岸边的石子，再次与我们讲起他的故事。不同的是，方才把酒言欢时的豪情壮志，经不得自省，散落成河岸边一把疲惫与落寞的流沙。

“很多年前，我带着一个俗世中成功的梦想，从西宁来到北京。也曾自负于自己的才华，也曾得意于早年事业的成功。遭遇打击时，我不服输，为了一个必须成功的梦，把自己的全部时间都用来追逐，从未有一刻放缓脚步。实际上，就物质而言，我已经赚足了几辈子的财富，仍不满足。前方有什么，是‘赢’吗？赢了又怎样呢？这么辛苦地走过来，每天仍旧是一日三餐，反倒多了无谓的应酬，永远开不完的会，永远批不完的公文。倒是好久没回来看看家乡，还有这条河。突然间，有点恐慌，因为不知道，在过去的日子里，究竟错过与失去了什么。而那些真正美好的，以及需要我帮助的，譬如我的家乡、我的母亲河，譬如时光里流失的东西，我却看不见。也许，人活着并不是一味地追求财富，而是要看清，追求财富背后真正的东西，到底是什么？”

此刻，这条仅存的柔弱的倒淌河，有着让人平静的力量。俞浩波一直不懂父亲为何钟爱这条河流。如今，似乎模糊地明白了。她活在世俗之外，约定俗成的规则之外。世上的水皆向东流，唯有它，在这片荒凉寂寞的土地上，与世间所有的河流背道而驰，流向平静的所在。

也许，我们要的东西很简单，只是内心的富足与宁静。

也许，你一路狂奔的方向，并非是你的心想带你去的地方。

俞浩波会唱一首叫《倒淌河》的歌。

可怜精神越来越轻
生命是不断催眠
一如你熟睡了那么自然

……

在倒淌河水面
晚风吹着树影
安慰着青春 寂寞的美

只有你的爱
会洗去我的悲
时光欲回 却张不开它的腿

在荒凉而贫瘠的青海土地上，有一条柔软的河，静静地沉睡着。如今，她快要干涸了，流水仍在缓缓西行。哪怕还剩下最后一口气息，仍然向西。安静地，并不张扬。

现在，世上唯一的倒淌河快要死去。

别走，我来了。

老木桥

老木桥：西宁市区有很多桥，沿着湟水从南向北：六一桥、昆仑桥、西关桥（通济桥）、五四桥、老木桥、七一桥。

其中位于南川河上的廊桥，被称为老木桥，建于1942年，当初只是一座小木桥。经历多次毁坏，1955年修成了一座石桥，但西宁人还是把它叫作“老木桥”。

朱湘妮：女，26 岁，西宁人，自由音乐人。16 岁时离家出走，成为北漂的音乐人。2012 年 5 月 26 日参加城市行走，是离家 10 年后首次回西宁。

西宁古城墙的西门外，有一条南川河。她的源头是青海东境的昆仑山系拉脊山脉，全长四十多公里，流经湟中地区古老的小镇，淌过若干无名的山坡谷地，在西宁城的西北处汇入湟水，一起奔向黄河。

南川河上有一座石桥，长约几十米，桥身是一条笔直的水泥路，桥的上方建了一座廊亭，往来的游客称她为“廊桥”，但土生土长的西宁人习惯叫“老木桥”。

她站在南川河上的老木桥上。下午两三点钟，正是闲人打瞌睡的光景，老木桥上的人流相对稀少。时而有市民拎着老式的竹篮子，或是手中握着一个布袋子，从桥上经过，走向对面的兴海路市场。10 年过去了，西宁人的穿着还和以往一样朴素，他们的表情平淡而闲散，似乎并不着急赶路。

桥两头散落着懒懒的小贩，卖煮玉米的、卖烤洋芋的，卖干果、甜瓜、熟食的，大多用三轮车拉着兜售。桥上铺着几块塑料布，商贩们就地摆上各种杂物小件出售，看起来大多是两三元钱的价格。桥头有两位老人坐在低矮的小马扎上，闲闲地聊着家常。

从这座桥向东走几百米，有一片如今是商业区原先是老住宅区的地方，是她小时候居住的地方。如今，以过客的心境，重新来到这里，有恍如隔世之感。

“小五，你听过的最动人的故事是什么？”她站在桥上，问身边那个相貌英俊、20 岁左右的青年。

他想了一下，像讲述一件很平常的事情“瑛姐吧，当初冲破一切阻碍，就因为爱一个人，想给他生个孩子，就生下了我。”

她一震，那些原本不愿触碰的回忆，随着这句不经意的话，涌上了心头。

要知道，没有被抛弃过的人，不会懂得被抛弃的惊恐和无助。特别是，当你还是个6岁的孩子。

有一天从奶奶家回来，见到只有爸爸一个人在家。她问妈妈去哪儿了，爸爸用一种陌生的语气说：“你妈去外地演出了……”那声音里，夹杂着一种咒怨与失败感，像一道尖利的闪电，划过她敏感而幼嫩的心灵。不知道小孩子是不是天生带有一种负罪感，从她懂事以来，每当父母关起门来大吵，她总把所有的过失都归结于自己。这让她不仅格外地厌恶自己，并且常常有一种恐惧：妈妈有一天会不要她了。

不久后，她被送到了奶奶家。再回来的时候，妈妈的柜子、书桌，还有梳妆台上的东西，连同她这个人都消失了。她是从邻居阿姨、婶婶的窃窃私语里，还有小朋友明目张胆的嘲笑中，隐约地知道了，母亲有了“相好的”，和父亲离婚了。她不太懂“离婚”、“相好”的含义，小小的年纪，却知道那意味着低人一等和羞耻。

被他人抛弃的孤独与无助的感觉，一直笼罩着她整个成长的年代。她需要抓起点什么，来武装自己被烧成灰烬的一碰就散架的自尊心。她左寻右看，捡起了身边最顺手的武器：疏离与冷漠。

然而几年后，她不得不去投靠母亲。

父母离婚后，她跟着奶奶生活。几年后奶奶去世了，她又被扔回父亲家。继母过门几年了，添了个孩子，她与他们磕磕绊绊过了几个月，继母以“房子小”为由，让她去投奔母亲。据说那时候母亲又恢复了独身，带着一个男孩生活。她感觉自己像一块千疮百孔的抹布，又被扔掉了。

她 11 岁的时候搬到南川河畔的一幢老楼里，父亲骑车把她带到楼下，一声不吭地走了。她左肩斜挂着书包，右肩背着一把吉他，手里拎着一只父亲单位发的旅游包，里面装着随身的衣物。她一边循着斑驳的墙壁往上爬楼梯，一边想着，什么时候才能离家出走呢？这种被支配的流离生活所带来的无力感，让她感到绝望，像一只落在浅洼里的鱼，挣扎也是徒劳，只能可笑地期盼有一场大雨来临，把她冲进江河里。

母亲留着一头乌黑水亮的长发，垂到了腰际。她20岁生下自己，此时也才30出头。鹅蛋型的白皙的面容，虽然能感觉到一丝憔悴，仍然不可思议的年轻。她的眼睛里，全然没有寻常主妇的乏力与呆滞，而略微带有些孤高与冷僻，在这一点上，小孩的嗅觉是非常敏锐的。除此之外，她的神态里流露一股伤感和轻灵的感觉，让她整个人显得与众不同。

她冷冷地看着母亲，不知为何，从心里憎恨这种年轻和美貌。或许，母亲是一个普通平凡的女人，自己便不会忍受那些流言和屈辱。她已经从长辈口中听到无数次对母亲的贬词，有些甚至不堪入耳。她没有为母亲争辩过，她不仅毫无底气，并且从母亲给她带来的伤痕里，不免生了恨。

敞开的卧室的门口，站着一个小男孩，六七岁的样子，长得清秀而俊俏。他非常安静，见家里来了生人，既不害怕也不兴奋。她猜到这是同母异父的弟弟。母亲唤他“小五”，“来！这是你姐姐。”

男孩乖巧地走过来。一个陌生的与自己毫无干系的人，身上却流着一部分与她相同的血，她一时间竟无法接受。她打量他，全然嗅不出血缘的相似，至少血液的温度就不同，你看他温和的眼睛！当然，他从生下来就没离开过母亲……想到这里，她对男孩添了几分恨意。

小五看见她身旁的吉他，眼睛一亮。他张口说的第一句话是：“姐姐，你能教我弹吉他吗？”她板起脸，刚要回绝那稚嫩的声音，母亲问男孩：“你想怎么回报姐姐？”小五指着自己的房间说：“把我的房间给姐姐住。”

很多年后，那座老房子的格局，仍像烙印一样深刻在她脑中。客厅很小，仅能摆下一张饭桌，拐角处有两扇门，其中一间是小五原先住的独立房间，另一扇门走进去，先要穿过一个屋子，才能到达母亲的房间。她显然排斥套间外的那个小屋，与母亲如此靠近，让她感觉有些尴尬和莫名的害怕。也许在内心深处，她不愿给母亲制造机会，让她消除心里对自己的内疚。可是，当母亲笑着搂过小五，接受他的建议时，她在心底又愤怒了。母亲并没有向她流露出想主动亲近的意图，她似乎对于自己向女儿欠下的情债，没有丝毫后悔和想弥补的意思。

她不容母亲有任何的“分辩”，而将自己打入了冰窟。这个想象中的深渊非常寒冷，但这种冷酷的感觉却能让她保持清醒，去追寻她渴望的生活。她在心里默念：这“寄人篱下”的生活，不会太久的。

母亲从来不对她谈起过往的事情。只是她常常把自己关在房间里，紧闭的房门里传出不至于吵到家里人，但是也能听见的音乐。她听得最多的一首歌就是《深秋的黎明》，从那反复循环的旋律里，仿佛能感觉到母亲保护得很好的，从不会向外倾泻的情绪。

她感到寂寞的时候，喜欢一个人去桥边弹琴练歌。在她住的房子的不远处，有一座横跨南川河的桥，西宁人称它“老木桥”。十几年前，桥下的石阶还没砌上，原是一片坑坑洼洼的土坡，长满了野生的花草。那时候，她还没读过宋朝诗人姜特立的诗句：“木桥横野水，竹迳踏晴沙。”只觉得，从喧闹的街市走过来，这里毫不造作的朴素景致，仿佛能给人带来心灵上的平静。

有时候坐在坡地上发呆，看着河面上漂过的浮藻，墨绿的柔软的身子，宿命般地将自己交给水流。她想着，这流水一直往下，会通往哪里呢？没想到，在她绝望而灰调的少女时代里，最初给她一片安宁和喘息之地的，竟是这座老木桥。

她常常在桥边一坐就是几个小时，天快黑了，也不想回去。也许在她的意识里，想逃避那个家。但是，无论她怎么逃，多年以后，还是在梦里曾无数次地梦到那个老房子。有一次，她去问一个懂得解梦的人，对方告诉她：“也许你不想承认，这是你潜意识里对过去的怀念。”

慢慢长大的小五开始喊母亲“瑛姐”。小五和瑛姐的感情，有一种她无法理解的默契。他对瑛姐像待一个小孩子，既亲昵又轻松，不像对待她的时候，有一些紧张。

时间久了，她也习惯了“瑛姐”这个称呼。

瑛姐做事有时候让人难以理解。她性格里有一种很随意又超出常规的感觉，似乎她有自己的常识和规范，与这个社会不是太有关系。

譬如她在瑛姐面前抽烟的行为，不知道是瑛姐自己也抽烟的缘故，还是她觉得这件事无所谓，总之很自然地就接受了。有时候像闺中密友一样走到她身边，只一句话："嗨，打火机。"瑛姐很少用自己的想法去影响别人，通常都是，你觉得好，就可以了。

家里人发烧，瑛姐几乎不带他们去医院，用自己的方法医治。瑛姐不停地冲泡菊花茶，放上冰糖，让他们一杯一杯地喝，直到喝掉一大桶水的时候，烧已经退了。

瑛姐开了一家服装店，由于进货很有眼光，生意还不错。每个月都会在她的门缝里塞一个信封，是给她的零花钱。瑛姐与她的交流方式是这样的，从来都不会正面交流，而用曲折的方式。她漠然地接受这一切，既不感激，也几乎不动这些钱，只有一次，她的 CD 机坏了，已无法再修，而父亲每个月给她的生活费，不够买一部新的 CD 机。她打开衣柜下面的一只鞋盒，小心地抽出几张钞票。

她和瑛姐第一次正面地交谈，是初三报考艺校的时候。原以为早年从歌舞团辞职的瑛姐，会反对她走文艺这条路。没想到瑛姐说："那就去唱吧，只要你能忍受饥饿。"她问是怎样的饥饿。瑛姐说："成功有时候像天上掉的馅饼，不一定砸到你身上。所以，最后有可能是你一个人孤独地唱歌。"她想了想说："那我也还可以唱歌。"

第二天，她的房间里多了一把全新的吉他，瑛姐说，她的那把老吉他太破了，音总也调不准。

她从心里有些感激瑛姐，这种感觉让她害怕，同时也感到软弱。直到有一天，在报纸上看到了北京一家音乐公司在招募歌手。她数了数鞋盒里的钱，没跟任何人打招呼，第二天就去了北京。

大约有 10 年的时间，她在外面游荡。起初以为，只要能离开那个家，怎么都会比以前的生活多哪怕一点点的舒畅。然而，没有一个可以回去的地方，时间久了，让她感到厌倦。几个月前，她爱上一个法国男孩，假期结束后，他回到故里，她掉进了一个永远也落不了地的深渊里。

一个朋友告诉她，5 月份有陈坤发起的一项"观心·行走"的公益活动，就在西宁举办，听说行走可以让心安静。她忽而发现，这些年来，从未找到过自己的心。于是，她借着行走的机会，回到了西宁。

飞机快降落的时候，她看见像土包一样的小山坡，朴素而低调地伸向远方，心就像落了地一般地感到踏实。

如今，她又站在了老木桥上。桥下的河水不疾不徐地流动，不受尘世喧嚣的影响，缓缓地像活在时间之外。

她心头震了一下之后，尽量用平静的语气说："给我讲讲瑛姐的故事吧。"

他说，他也是逐渐长大以后，从瑛姐极随性的只言片语的叙述里，加上他零零散散的记忆，也许勉强能串起瑛姐的故事。

"瑛姐 16 岁的时候认识一个男人，她曾经说过，跟他在一起的时候什么都不想，就是感觉很快乐。当时那个男人二十几岁，已经有家了。那时的瑛姐，还没有掌握自己命运的能力，糊里糊涂地嫁给了另一个男人，20 岁的时候生下了一个女孩。"

她惊讶地听着，像走进了一个充满着危险又迷人的天方夜谭。

"几年之后，不知道两人怎么又见面了。那一回，瑛姐不顾一切地想跟他在一起。她果真做到了，给那个男人生了个孩子，只不过代价很大。"

他出生的时候，父亲已经有了四个孩子，所以瑛姐叫他小五。

父亲不久就有了别的女人。一天，有个很厉害的女人冲进家里，对瑛姐大喊大叫，让她死心，说他们要结婚了。瑛姐什么都没说，进了房间，抱着他哭。他后来才明白，瑛姐终于等到了父亲离婚，却不是为了她。那时候太小还不懂，就知道瑛姐的泪水把他衣服都弄湿了。这些年，瑛姐很少在他面前哭，除非是憋不住了。4 岁那年，他第一次知道了悲伤的感觉。

在瑛姐最难过的时候，有个喜欢她的男人，说要带她走。瑛姐想都没想就同意了。不久后，他和瑛姐一起离开了西宁，去了哈尔滨，6 岁时又搬回西宁。他童年的生活飘忽不定。小时候真的不懂，瑛姐到底经历了什么，为什么要带他来一个谁也不认识的城市。

他18岁之前都不知道自己有个父亲可以依靠，瑛姐总是跟他说"你就当你爸是个农民工，啥事有妈呢。"他知道瑛姐爱了父亲很多年，却并不怪父亲。"他天生就花心。这是我选的，所以错不在他。"

瑛姐后来还告诉他，小时候最盼着他会说话，能跟她说说话。"后来你就来了。" 他对她说："瑛姐特高兴。"他能感觉出来，瑛姐在她面前小心翼翼地，就怕说错话惹她不开心。

"你走了以后，瑛姐先是把自己关在屋子里几天，等出来的时候特别平静，像什么都没发生一样。其实瑛姐一直都知道你在攒钱，也大概知道你用那些钱干什么，但是每个月还是给你。瑛姐是个善解人意的人，是个好女人。我最好的朋友，就是瑛姐。"

如今，她以另一个角度重放一段记忆，发现它是另一种滋味。

那天傍晚，她第一次走进瑛姐的房间，她突然有一种冲动，想跟她好好聊聊。就在她走进去的时候，惊讶地发现，瑛姐的房间朝着西北的方向，从窗子望出去，能看见南川河的粼粼波纹，以及被夕阳包裹的老木桥的剪影。

那天晚上，她与瑛姐彻夜长谈。告诉瑛姐自己爱上一个法国男孩。瑛姐说："去法国找他啊，告诉他你现在的心情。"她问："漂洋过海的就为了这个？"瑛姐说："只有跟着你的心走，你才不会后悔。"

她以为一辈子都不会原谅瑛姐，世事总是难以预料，并且常常以玩笑的方式，在你走了很多弯路后，在你的头顶轻轻一击。推翻之前判断的感觉，让她觉得有一点悲伤。她想象着，如果自己早些了解瑛姐，也许早些年的时光，就不会活在阳光背面的灰暗树荫里。让她感到迷茫的是，将自己放逐的10年，是否都白白流逝了呢？

几天后，她参加陈坤发起的西宁城市行走，走在禁语的队伍里，她尝试着安静下来，跟着心走。走着走着，心就静了。在长久的平静里，她似乎明白，无论平凡还是跌宕的经历都是有意义的，她是为了日后成为今天的你，做了一个漫长的伏笔。幸运的是，她爱今天的自己，以及身边的人。想到这里，她的心里涌上了一股温暖的情绪。

当走过湟水河边时（这是南川河会聚过来的水），想起在老木桥上问小五一个问题。"你当初怎么想起来叫妈'瑛姐'呢？"小五笑了，"她有时候跟小孩一样的。在我心里，她就是个小姑娘。"

东关清真大寺

东关清真大寺：建于明洪武年间，与西安化觉寺、兰州桥门寺、新疆喀什艾提卡尔清真寺并称为西北四大清真寺，也是中国伊斯兰经学研究的最高学府。在西宁的回族人心中，这是一个圣地。

马茹萍，女，29 岁，西宁人，回族。自小生长在西宁回族人聚集地东关地区。2012 年 5 月 26 日参加城市行走。她的理想是，在退休以后，能够做一个彻底的穆斯林。

她希望在这本书里的名字叫法图玛，那是她的回族经名。已经有 20 年没被叫过这个名字了吧，遥远得就像家中那张发黄的老照片，在岁月的流逝里无可阻挡地淡去。直淡到，照片中两个女孩的头巾，由粉红色褪成了水粉色，像被洗过了一般。那个大些的女孩看起来十一二岁的样子，活泼俊俏；小一些的是她，大约 9 岁，鹅蛋型的脸，一双黑眸子蒙眬深幽。那是她和姐姐仅有的一张戴头巾的照片。就在这张照片拍完后不久，全家从东关搬到了城西，从此她再也没有回过老房子。

小时候她收到最好的礼物是一块头巾，是三舅在开斋节送给她的。三舅是个非常英俊的男子，曾经离过一次婚。那块头巾是娇艳的粉色，在那个年代，很少有穆斯林女孩拥有这么大胆的头巾。它有着非常柔软的面料，在一角处用亮闪闪的银线绣了一朵牡丹花。姐姐的头巾没有刺绣，嫉妒之下企图与她交换，在几次谈判失败后，差点与她绝交。因为这块头巾，她对三舅心存感激，以至于后来他带着新婚妻子登门时，只有她殷勤地给新舅母沏茶续水。记得新舅母长得非常美，只是后来很少见到她。母亲再也不让家里人提到她。

她 9 岁之后，再也没有像穆斯林女孩那样戴过头巾。她的人生，从 9 岁那年被分割开了，中间隔了一条银河。她分不清楚之前的是梦，还是之后的是梦。从外表看，几乎看不出她是个回回。

在她出生后的第三天，巴巴（祖父）请来附近最有威望的阿訇为她洗礼。那位面容慈祥的老者念完一段抑扬顿挫、悦耳动听的《古兰经》之后，遵从真主的旨意为她起了那个名字。她与先知穆罕默德的女儿同名。自懂事之后，这个名字曾给她带来数不清的赞叹——那是穆斯林对400年前被誉为圣女的“法图玛”由衷的仰慕与尊敬。

在回族家庭，给初生的婴儿起经名，是一项严肃而神圣的事。先知穆罕默德说：“在末日里，真主呼唤你们和你们父辈的名字。因此，你们一定要取一个美名。” 她当然不记得给自己洗礼的经过，她只知道，巴巴的归真与初生一样纯洁。

那天下着雨，她模糊地记得，母亲拖着她和姐姐的手，去园山回民公墓。母亲的手心有些湿，不知道是被汗浸的，还是雨。那一天，父亲和家中的男性们沉稳而忙碌，她已不记得整个殡礼的过程。幼年时代，死亡对她来说还唤不起恐惧，甚至有些好奇。当阿訇为亡者高声念唱《古兰经》，父亲和一排排戴着白帽的男性亲属双手掌心朝天，虔诚地祷告时，她以为，那是一个再宁静与祥和不过的场景。在她印象中，父亲和叔伯们没有过于悲痛。

《古兰经》中说：“女儿能带来安宁”。她不知道自己有没有给父辈们带来过这种安宁。她是家中的第二个女儿，按照回族人的惯例，生男孩宰两只羊，生女孩宰一只羊。她不知道当初巴巴和父亲宰羊时，心里会不会有些遗憾。巴巴在她7岁的时候归真了，从此她再也没有机会向他证明什么。

那是她第一次送亲人离去，回族人的习俗是，生前好好孝顺，死后一切从简。七尺白布裹上，怎么来的，怎么回去。那一刻她只是好奇，巴巴去了哪里？母亲说：“巴巴在真主的指引下，去了美好的天园，在那旦等待着和子孙们团聚。”可是，他的身体明明在土里呀。

很多年之后，她明白，死亡也是新生。先知们说：“既然如此，就无须过于恐惧。直面死亡，活在当下。”伊斯兰教义讲：“在敬畏中生活，在希望中永存。坚信下一个世界存在，快乐坦然地走向那里。天园是一个终点站，人们的一生只是过路。

她又问母亲：“每个人在离开的时候会怕吗？”母亲告诉她：“把一切都交给真主，就什么都不怕了！”这是她第一次感受到真主的“陪伴”。无形的真主也无所不在。这使她内心产生了一股宁静的力量。那股力量一直伴随她直到成年，若隐若现，却从未曾离去。

从细节做起，让城市更文明
同爱一方热土，共建文明家园
加强民族团结

她幼时的家住在西宁东关。西宁城分为四个区，城东、城西、城中、城北，其中城东区是回族穆斯林聚集的地方，也叫东关。她几乎还能记得小时候住的房子，一座整齐的宅院，坐落三间宽敞的平房。从院子走出去向左转，穿过一条长长的路，再右转，就上了东关大街。那里是整个回民区最热闹的地方，东关清真大寺就在那里。

她家的院子里长了一棵老杨树，巴巴曾给他讲，那是马步芳政府时期种下的“砍头树”。当时西宁每户人家按人头种树，树苗不活，砍头赔偿。小时候不懂那个回族军阀为何这么坏，他也是穆斯林啊。如今这些树已有几十年的树龄。回想起来，当年那位统治者的“暴政”，却造就了今天西宁的绿树成荫，历史有时候既说不清楚，也像个玩笑。

她幼时记忆最深刻的大事是封斋。在穆斯林的风俗里，每年最大的节日“开斋节”之前有一个月的封斋。按照习俗，女孩儿 9 岁就要和父母一起封斋了。伊斯兰历 9 月的第一天，父母亲早早地起床，唤起她和姐姐，命令她们在日出之前，必须吃饱饭、喝足水。到了日出以后、日落以前，即使再渴再饿也不能进食饮水。封斋的第一天，尽管她哭闹，但没到日落之前，母亲坚决不允许她破戒。直到她坚持完 30 天。这个习俗一直保持到现在，即使全家搬离东关，封斋月依然照旧。这个习俗使她相信，穆斯林里没有懦弱的女孩儿。

但长大之后，她逐渐明白“封斋”更深层的意义：那是为了让所有的穆斯林体验饥饿和干渴的痛苦，让有钱的人真心救济穷人，而穷人也能珍惜和感恩粮食。

封斋的最后一天晚上，母亲照例会在灯下，仔细计算全家上一年的收入。按照习俗，回族家庭每年需要拿出全年收入的 2.5%，作为“开斋捐”。在救济穷人和彼此互助上，回族人从来都不会退缩与吝啬。尤其在开斋节这一天，没有人会忘记那些孤苦无依的老人、孤儿、寡妇和穷人。即使相对贫穷的家庭也会慷慨捐款，他们确信，一定有比他们更需要帮助的人。

一个月的封斋之后，就到了穆斯林一年一度最隆重的节日——开斋节。回族人称它是“过年”，从拂晓开始，整个西宁东关就开始沸腾。家家户户都在宰羊，做面食，炸馓子、油香。忍受了一个月的斋戒之后，喜庆是如此的真切。也是多年以后，她慢慢懂得：先有封斋，再有开斋；先有痛苦，才有欢乐；痛苦有多少，快乐就有多少；约束有多少，自由就有多少。

她第一次去清真寺观看会礼也是9岁那年。在封斋结束的第二天，父亲带她参加开斋节的会礼。那是她第一次见识到如此大的场面，简直震撼人心。虽然母亲曾带她和姐姐在清真寺外的街道上，观看过主麻日的聚礼（每逢周五，穆斯林男性去清真寺举行礼拜），但会礼的规模比聚礼要隆重百倍。那天的一大早，整条东关大街就开始回荡《古兰经》诵读声，上午8点以后，回族男性从城市的四面八方汇集到清真大寺。他们神态从容，步履缓慢，每个人腋下夹一个小毯子或小拜毡，礼拜队伍一眼望不到边。幼年的她只记得，放眼望去，白色的帽子不停地流动，犹如一条缓缓移动的银河。

多年以后，她曾带着一个慕名而来的外地朋友，去观看开斋节的会礼。那天，整条东关大街被挤得水泄不通。当阿訇宣布会礼开始，人们铺下毯子或小拜毡，脱下鞋子，自动跪成整齐的行列，面向圣地麦加古寺克尔白方向叩拜。让朋友惊讶的是，近万个回族人携带的毯子，竟没有一个是重复的图案。那天风很大，异常寒冷，而会礼的回民都席地而坐，静听宣讲，没有丝毫浮动现象，更无人喧哗早退。朋友惊叹：回族真是一个不可思议的民族。

忽然在那一刻，她在内心涌起对自己民族的骄傲。他们是如此有凝聚力。如此自我约束，温和友善。而在这一切的基础上，清真寺是所有回族人在现世中的精神支柱。只要有清真寺，就会有回族人。作为穆斯林，无论走到天涯海角，相信所到之处，必有他的弟兄给一碗充饥的饭、一碗清洁的水，这就够了。

实际上，在传统的回族人看来，自从搬离东关之后，她和她的家庭几乎已经被“汉化”了。父母都在政府机关里任职，姐姐在医院工作，她是国家公务员。很久以来，她说不清楚自己丢失了什么，她确信，丢失的不是信仰。

但某种庄重的感觉又在多年后出现。那是她女儿出生时，父亲请来另一位德高望重的阿訇，（当年为她洗礼的阿訇已经归真了）。家中的男性在沐浴后换上洁净的回族服饰，他们身穿白色对襟褂，外罩黑色对襟坎肩，头戴白色圆帽。

父亲怀抱婴儿坐在凳子上，阿訇面向阿拉伯麦加的方向站立。他先为婴儿念《古兰经》中的宣礼词，之后对着婴儿的右耳轻吹一下，再念“成拜词”，再对左耳轻吹一下。这两次吹气，在伊斯兰教义里，意味着信仰之光已贯入婴儿的体内，她已经成为一名纯洁的穆斯林。最后的仪式，在全家人虔诚地祈祷之后，那位年逾花甲的阿訇为女儿念出了“阿丽娅”的经名。

整个洗礼的过程，她看得热泪盈眶，仿佛回到自己出生的时候。那一刻，她像刚从母亲身体里降生一般，冰清玉洁。那一刻她明白，有些东西是洗不掉的。

她与这本书的缘分，来自陈坤带领东申童画团队所策划的“城市行走”公益活动。作为西宁政府方面的工作人员，她得以参与城市行走的整个前期准备过程。

实际上，她有一点私心，想与陈坤合个影。按照伊斯兰教义，穆斯林不可以崇拜偶像。但在她心中，从未将他看作偶像。虽然她看过他的所有电影，读过他的书，听过他的歌，但她更欣赏的，并非他作为一个艺人的成就，而是他作为一个普通人，对生命的思考，以及为这个社会所作出的努力。在她看来，那也是一种信仰的力量。

虽然他们拥有不同的宗教信仰，但那股力量也激起了她埋藏在心灵深处的秘密。她没有告诉任何人，她有一个愿望：有一天能和全家人，带着一生的积蓄去阿拉伯的麦加朝觐，这也是世界上所有穆斯林一生中最高的祈愿。

她想象几十年之后的自己，也许已经到达麦加，也许不能，但并不妨碍她的心飞向那个神圣的地方。正如全世界没有能力到达麦加的人们，他们的心，也正从四面八方缓缓地向天房的中心靠拢、凝聚。

由此，若从几十年后往回看，她的一生都走在去往麦加朝觐的路上。她远远地看着路上的那个女孩儿，轻轻地呼唤她的名字：法图玛。

两千人的行走，一个人的神游

劳博，男，33 岁，广告人，“广告门”（ adquan.com ）CEO 。在广东茂名的农村长大，大学毕业后在北京数家广告公司任职，2008 年辞职创办“广告门”，成为中国最大广告传播平台。自小喜爱行走，但都市的繁华差点让他失去了“行走”的能力。目前的理想为：每年至少去三个城市行走，希望 60 岁以前走遍世界 100 个城市。

2012年5月26日，20摄氏度。两千名志愿者，跟着36岁的陈坤，行走在西宁城市街头。从青海大剧院广场开始，途经科技路、海西路、湿地公园等地，前方是五四二桥。

他走在队伍里，周围“安静”得只听见脚步声。

在行走开始前，“行走的力量”发起人陈坤，对参加行走的志愿者宣布：今天的城市行走，希望所有人能够“禁语”。在这无声的数百分钟里，除了行走，还是行走，只是行走。

微博里有人在发言，简单的行走而已，为何这般小题大做。为何几千人要跟在一个人后面，像举行仪式一样，不说话地走路？

他是这两千人中的一员，一位报名参加行走的志愿者。正走在全程10公里的路上。

在北京，10公里，不过从劲松到华贸两个来回。又或者东直门到复兴门小半个二环的距离。但在北京这么多年，从没一口气走过这么远的路。

到底有多久没有“行走”了？

他在广东茂名的农村长大，上下学都是走路回家。小学的最后三年，因为学校搬迁，从家到学校单程就要走一个小时。每天要走两遍同样的路，对一个小孩子来讲，路上最常见的稻田、野花、蜻蜓，看久了也会腻。走路的时候干什么呢？神游。思绪常常天马行空地畅游，假扮孙悟空大闹天宫，把玉皇大帝打败了；或者把自己想象成诸葛亮，还会不会挥泪斩马谡。儿时获得资讯的方式非常有限，走路却给他打开一个奇妙的思维空间。

儿时的神游里，他想得最多的是：我会走到远方。曾经幻想在无数个城市里行走的感觉，因为没去过，所以好奇那些城市到底什么样。小时候有一个愿望，长大了要在不同的城市里行走，去感受更多的东西。

1997年考上北京的大学，周末的时候喜欢去大街小巷里行走。成年之后的行走，让他有了更丰富和立体的经验，很多生活与设计的灵感都是从走路中跳出来的。毕业后他留在了北京，在一家广告公司工作。经常有出差的机会，但因为工作压力，无暇在城市里走一走，逐渐也忘了行走的感觉。2008年，在积累了7年广告公司的经验后，他与两个朋友一起创办门户网站“广告门”，如今已成为全国最大的广告与传播行业的平台，事业越来越步入正轨，却偏离了当初行走的轨道。

他回想自己一路走来的经历，从偏僻的乡村走到北京、东京、纽约，走向未知……从徒步行走到拥有自行车、摩托车、汽车，到乘坐飞机去更远的地方，却已经遗忘，最初行走的味道。

快节奏的生活，侵占也带走了原本安静的内心，并不是没有想要行走的时候。可是，约会那么多，上班那么累；房贷还有一大截，老板任务一大堆；今天朋友生日，明天出差公干。行走？别开玩笑。等有时间了再做打算——而时间……谁带走了我们的时间？

越来越焦躁。眉头紧锁。麻木到把忧愁当快乐，而近乎于本能的行走，被上班、应酬、聚会、补觉等理由无情地打败。除了逛街，不常走路。你有什么理由让走路占据这么长时间？费时又辛苦。

在都市生活里，走路已成了奢侈品。

今年初，因为工作的原因去了一趟纽约。在纽约的一周都是在走路。从曼哈顿二十街，走到八十街。原本只是为了感受纽约街头的商业气息。起初，被街头的各色广告牌吸引，被行人丰富的表情吸引，走着走着，心开始安静下来。没想到安静的行走中，脑中迸出了很多灵感。就是这样一个最简单的行走，却打开了苦思冥想无法冲破的僵局。第二天，把麦迪逊大街全程走了一遍。

后来又去了一趟马德里，他发现那里的人特别喜欢行走，一个城市，似乎也只有走路才能真正了解。从西班牙回来后，听说在青海西宁有一个“城市行走”的活动。很少有人举办这样大规模看似“无意义”的活动。由于与主办方有合作的关系，也为了带动身边的人行走，他做了一个创意之举：带领公司所有员工，以志愿者的身份报名参加行走。

Columbia

他走在几千人的队伍里，因为“禁语”的规定，周围很安静。他第一次体会，当四周没有多余的杂音，几千双脚步参差不齐地落在路上时，心中所激起的庄重感。时隔多年，行走再一次让他激情澎湃。这种感觉，只有幼年时走在田野里，以及中学时读杰克・凯鲁亚克的《在路上》时才有。

在这种奇妙的氛围中，他又一次开始“神游”。仿佛回到小时候，在田野间行走的感觉。那时的梦想很简单，想走到更多的地方看世界，感受路上才有的东西。而真的走在路上，除了疲惫感，他感受到了什么？他突然想再次去行走。他问自己，行走带给自己的是什么？是了解这个世界吗？还是路上的不确定性？此刻，他突然明白，是走在路上与自己对话时，内心里所感受到的安静。对于他来讲，这才是行走的真谛。

走到大约 5 公里时，身旁的一位女同事有些走不动了。她之前连续加班一周，体力不支，打手势请求在路边的水泥墩上稍作休息。路边经过一辆救援车，同事有点动摇：走，还是上车？正在犹豫不决之时，补给站的几个年轻志愿者拿着矿泉水、红牛等饮料，在不远处向他们招手：加油咧，别掉队啊，哥哥姐姐们！这年轻而充满正能量的声音，无意间将陈坤一直在表达的某种理念传递给他。这也是行走的另一个意义吧：行走，只要开始，就不会结束。

也许一开始，他没有那么深地了解，陈坤办这个活动的意义。甚至在几个小时之前，他也和微博上的某些声音一样，不太理解这个被镁光灯和媒体包围的明星。但是，当走完这一程，当他的内心感受到丰富的东西以后，他看世界的方式也有所不同。

陈坤曾说过，一本书、一次行走、一个禅定，都是一种工具和方法，不要过分去关注这个手段，可以试着去看，它所指的方向。

当你有一颗美好的心，看一切都会改变。 这个心灵，非常有趣。它出生时，可以成为天使，也可以成为魔鬼，只不过是，你花怎样的时间，去找你的方向。真正的强大，是你选择自己想走的路——这也是行走带给他的反省——用最简单的行走方式获得最大的正面能量，这就是行走的力量。

整个城市行走全程 10 公里，3 个小时走完。这个活动更大的意义，并非这 3 个小时，而是通过行走带给人们的反思。哪怕改变生活中一个小小的习惯，也许你的人生就不一样了。

两千人的行走刚刚拉下帷幕，他个人的行走也随之开始。他有一个愿望，随时都可能会进行。

走着走着就开始回忆了

一个西宁 两种记忆

白云峰・格桑

白云峰：男，37 岁，西宁人，现居北京。毕业于华北电力大学，32 岁时成为中国史上迄今为止最年轻的上市公司 CEO，后辞职创办北京国能中电能源有限责任公司，是国内知名的环保技术专家。

格桑：女，29 岁，西宁人，现居上海。毕业于北京师范大学，曾出演电视剧，做过旅游卫视新闻主播，现为 SMG 主持人、导演。

浪街去

格　桑：我是1999年离开的西宁，你是哪一年？

白云峰：1991年去北京读大学，算起来离开西宁21年了。

格　桑：小时候觉得西宁好土啊！你有没有感觉？楼房都是灰扑扑的，一点也不漂亮。那时候觉得只有高楼大厦才是好地方、大城市。

白云峰：我小时候没什么感觉，等到了北京上大学以后，有一度还嫌弃过西宁。

格　桑：哈哈！我记得九几年的时候，西宁建了第一座几十层高的楼，叫建银大厦，顶层弄了一个景观旋转餐厅，号称鸟瞰西宁全景的。当时很兴奋，叫爸妈带我去，当时在那儿吃一顿自助餐好像是很贵的，爸妈觉得太奢侈了不划算，我始终没能体验到豪华的景观餐厅，但是那时候心里在想："西宁很快要变得洋气起来了"。

白云峰：那会儿觉得西宁没个像样的建筑，当然现在不那么想了，反倒觉得小时候朴素的回忆挺珍贵的。

格　桑：你小时候家住哪儿？

白云峰：在西宁供电局大院后面。

格　桑：我家住在省委那一片，在北门坡下面，一幢老式的苏联风格的家属楼。

白云峰：小时候印象很深的是，写过一篇作文叫《北门坡观日出》。

格　桑：哈哈！全市的小学生都被语文老师组织过写这篇作文。

白云峰：小学时候最盼望清明学校组织去烈士陵园扫墓。

格　桑：扫墓这一天等于放假，还可以野炊。我记得烈士陵园在凤凰山上，郁郁葱葱特别漂亮，全校师生在烈士纪念碑前宣誓，读写给烈士的信，举行缅怀英雄的仪式，然后就到山上野炊了。野炊时每个同学都带来各种好吃的菜，还有家里卖烤羊肉串的撒拉族小孩，直接带着烤羊肉的炉子来，大吃大玩，太开心了！那时候功课很重，难得出来，给烈士扫墓是每年第一次春游的机会，所以那时候是真心感谢烈士们……

白云峰：小时候西宁玩的地方并不多，印象深刻的就那么几个地方。

格　桑：你小时候最常去的地方是哪儿？

白云峰：胜利路、商业巷、人民公园、小桥大街、西供局，还有上了六年的西宁四中。

格　桑：我是十四中的，在大十字附近。

白云峰：礼拜天的时候，我妈会带我去西门口和大十字。永远都是那几个地方，西门商场、水井巷、人民街、大十字百货商场、新华书店、回家，这条路线几乎没怎么变过。对了，西宁人管"逛街"叫"浪街"……

格　桑：哈哈，对对对。在哪儿浪呢？今天在西门口浪了一圈。

白云峰：我记得那会儿浪街最有名的四个地方：水井巷、商业巷、大十字、莫家街。

格　桑：我整个中学时代，就扎在大十字，那时候大十字特别繁华，是西宁的商业中心。真是不清净啊，饱受各种商业诱惑，哈哈。

白云峰：我记得当时最大的室内溜冰场就在大十字，我们上学那会儿最流行溜冰了。

格　桑：我们也一样啊！溜冰，还有蹦迪，那时候特别羡慕那些时髦的不良少年，甚至很渴望成为其中的一员，因为他们的着装和发型是当时西宁时尚界的风向标，嘻嘻。

西宁的小吃

白云峰：我那时候就注意吃了。西宁的小吃太多了，干拌、炮仗、尕面片、粉汤、拉面、凉面、凉粉，还有羊肉串、羊杂汤、泡馍、甜醅子、老酸奶……我现在回西宁，所有的东西一定都要吃一遍。

格　桑：西宁的最好吃的几乎都是清真的，回民做的东西很好吃。莫家街的酿皮，东关街头的甜醅，站在街边就可以立等可取，一碗下肚神清气爽，继续赶路。清真饭馆里，叫一碗干拌，或者一碗面片，不到 10 块钱，有菜有肉吃得可口。回民的东西干净，回民也聪明，会做生意。

白云峰：西宁的酿皮值得一提。西宁人，无论是不是还在西宁生活，都会在提起酿皮的时候咽下一口口水，酸酸辣辣的，搁点蒜泥和腌制的韭菜，再放进去一点刚刚发好的芥末，撒上一把筋道的面筋，这也许是西宁人一辈子的味道。看似简单的面食，实际上也颇费工夫，辣椒油是现炒的辣椒面，用的是青海最好的循化辣椒，里面再搁入一些香料，这样炸出来的辣椒油有一种西宁的味道。蒜和韭菜稍微腌过一下，要拿热油泼一下然后加入凉开水。醋要选用青海最特色的湟源醋，和草果、生姜一起熬制。所有的油都是青海独有的青油，黄黄的菜籽油，就像满山的油菜花开放的颜色。所有这些，才构成了西宁的味道。

格　桑：我记得莫家街的老莫酿皮最好吃。

白云峰：对对对，老莫酿皮！你知道那时候特别逗，突然有一段时间，西宁就出现了一家特别火的，比如说莫家街的酿皮，突然间就出名了，然后大家就蜂拥着去莫家街吃酿皮。

格　桑：我们学校离莫家街很近，因为挨着最著名的小吃街，学校基本懒得设食堂。中午都跑去吃小吃，酿皮啊、粳皮啊、抓面啊，两三块钱就饱了，非常满足。

白云峰：莫家街的变革是这样的，最早西宁最有名的小吃不在莫家街，最早在商业巷和水井巷。因为水井巷的人太多了，所以我们一般都不怎么去。经常去的是商业巷和小桥大街，那两条街上也是各色小吃。特别有意思的是，这些小吃摊堆在一块儿从来不抢客，因为家家的摊都是满的。

格　桑：商业巷有一家叫兄弟酿皮的，现在还在吗？

白云峰：在在在。而且还是那两个人，这么多年了，都没变，好奇怪。

格　桑：我记得那时候一碗酿皮六毛钱。

白云峰：我小时候才卖两毛五，我家附近有一家回民做的酿皮实在太好吃了。小时候也没那么多闲钱，总是带点过年时收的压岁钱偷偷吃一碗。没钱的时候，也会用妈妈的粮票、面票，甚至家里的鸡蛋、面、煤去换一碗。那时候什么票都收。

格　桑：还有烤羊肉串。

白云峰：西宁的烤羊肉串太多了！

格　桑：晚间路过羊肉串摊子，先来几十个串，再烤两个羊腰子、大块烤肉。深夜吃烤肉的人，有的刚下夜班，有的是已经在饭店喝过三巡红着脸坚持继续的，有喝得醉醺醺的哥们儿一言不合打起来的，但是第二天绝对像什么都没发生过一样继续搂着喝酒。

白云峰：到了北京之后找不到这种感觉了。

格　桑：去北京上学那会儿，在街头看见卖羊肉串的，大喜，冲上去喊："先来20串！"惊呆一铺子客人，才知道北京的女孩儿都是一串两串秀秀气气买来吃的。在西宁，可是二三十串起步烤的，一晚上吃个七八十串也不奇怪。

白云峰：西北人凑到一起总爱说自己那儿的羊肉最好吃，自己那儿的酿皮最地道，但好像只有西宁的洋芋丝真是最好吃的。西宁的洋芋丝切好后不能用水洗，直接放锅里炒，炒出来还有点锅巴。

格　桑：洋芋锅巴是最好吃的，大家都抢那个。

白云峰：西宁有几个消失了的好吃的，太可惜了。有一个康尔素乳品厂，做的雪糕太好吃了。

格　桑：记得，小时候最爱吃了！长大以后再也没吃过那么好吃的雪糕。

白云峰：可惜现在已经停产了。

格　桑：可以当个记忆。

白云峰：还好老酸奶还在。每次我姐来北京，都会带一箱老酸奶过来。现在全国各地都有，但还是西宁的最正宗。

格　桑：真正传统的、无添加的、自制的老酸奶，只在西宁街头坐着小板凳的小摊上有，一碗一碗地盖在玻璃板下兜售，浓香甜稠，结着厚厚的奶皮。

白云峰：西宁的老酸奶，吃的时候撒一勺白砂糖，哇，那才叫好吃。

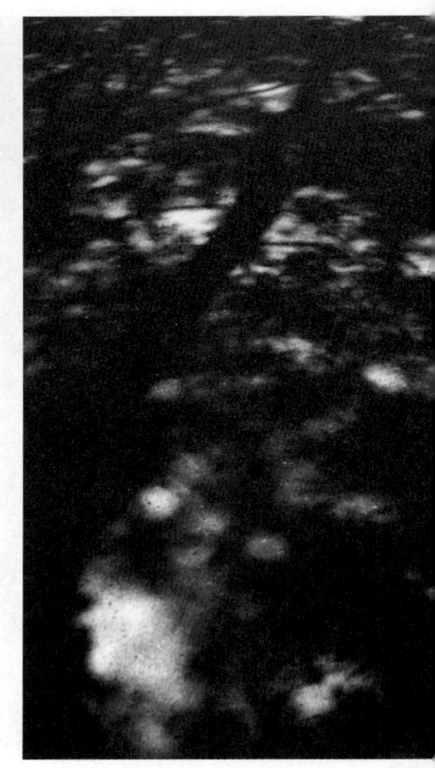

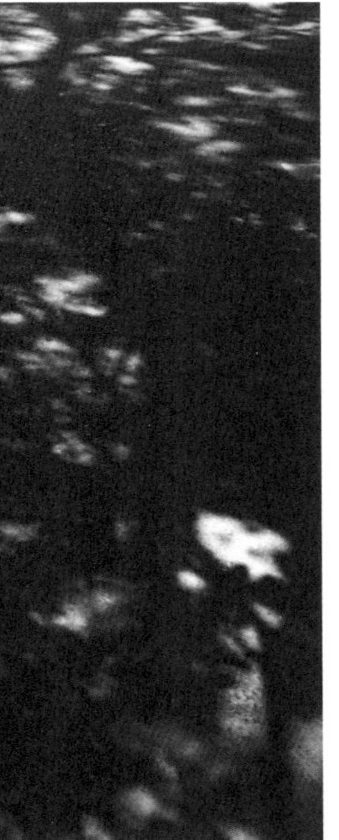

童年记忆

白云峰：你对童年生活印象深刻吗？

格　桑：我的童年生活很单调，就是上学上学上学。那时候上学基本都走到学校，走二十分钟半个小时，印象最深的是冬天早晨深邃的星空，西宁冬天天亮得晚，7点多天还是黑的，早上仰着头看星星，走着走着就撞到电线杆子上了。

白云峰：我家附近有一条河沟，据说是流到湟水河里面的，上游是朝阳水电站，我爸以前就在那儿工作。这条河沟是我小时候唯一觉得能叫作自然的地方。夏天网鱼、捞虾、逮蝌蚪、抓青蛙，还有河滩斑斑点点的小野花，冬天滑冰、嬉闹。如果被老师恰巧抓到，那就惨了，记得第二天还挨过老师的教鞭。

格　桑：如果说我童年最浪漫的时光，是我父母在家举办的party。父母生我的时候年纪轻，我上小学的时候，他们还是精力充沛、热爱时髦事物的年轻人，经常在家举行聚会。双卡录音机里放着音乐，父母和他们的朋友们在客厅喝酒、唱歌、跳舞、拉手风琴，他们开心得不得了，经常大醉。这是真正的party，长大后真的没见过那样全心投入去享受的气氛。

白云峰：我小时候印象深的还有参加田径队的训练，放学后，伴随着夕阳西下，在学校不大的田径场上被体育老师带着训练。后来参加市里、省里的运动会，现在想起蹲在起跑线上等候枪响的一刹那，都激动得不行。我喜欢倾尽全力驰骋在跑道上的感觉，更喜欢前面没有对手自己一马当先的时刻，这也许是我骨子里的东西，总爱和自己赛跑，永远不爱停下来。

格　桑：小时候经常去爬山，爬北山和南山。北山脚下有一个古寺叫北山寺，依山而建，颤巍巍的，特别陡，汉族的寺庙，里面有很多说不清的老东西，结果在几年前被一场大火毁了。很可惜。

白云峰：西宁人杰地灵的是北山寺，那个寺非常有意思，集道教、儒家和佛教于一身，而且你会很少看到供着阎王的，那里也供着。北山寺很灵的，到了那里都要拜，据说全山都是特别灵的，很多老太太天不亮就去上香。我回去一定要去北山寺上香上一溜。你在路过爬山的过程中有一道桥，往上看，山形是一道佛。有意思的是，有的人能看出来，有的人看不出来。

格　桑：北山还有道观，我对里面的长发道士很好奇。附近的村子里还有一个特别会算命的人，也经常到北山上来。山上还有狼、大片树林。我觉得那里是一个充满了神秘气息的场地。现在，北山的最高峰——大东岭，有西宁的藏族人自发捐款修建了一个非常漂亮的佛塔，我们家人每年元旦一早会带着哈达、鹿马去那里对着新年的第一轮太阳祈福。

白云峰：我还记得每到过年的时候、正月十五，以前西宁有个特别好的传统，每个单位和街道上都挂花灯，特别热闹。

格　桑：这些年经常回西宁吗？

白云峰：我去年的元旦回去过。现在我妈跟我住在北京，两个姐姐都在西宁。

格　桑：我每年都回。我觉得西宁变化还是很大的，我比较注意人的变化。西宁人原来爱喝大酒，喝酒时爱拼命劝酒，现在喝酒变斯文了，不再硬劝了，哈哈。不变的是，西宁人还是热爱自然、喜欢到户外去，西宁的消夏活动是“逛茶园”，茶园都在山上的树林里，户外的饭馆，一家人或者一群朋友中午去，吃吃喝喝，打打牌，小孩在树林里玩，一直到晚上。

白云峰：直到我大学毕业在北京工作几年后，西宁都没怎么变化。那些年，街道和两边的楼房几乎没有变过，记忆里小时候拿黑炭往墙上画上的印子，很多年后依然可见。直到2000年以后的某一年，再回去，突然发现西宁变化太大了，我这个“老西宁”居然不知道怎么招呼外地去玩的朋友。

格　桑：我记得小时候的邻居，是一位非常优雅的老太太，讲一口标准的北京话，穿着也特别讲究，在周围人里显得很特别。我经常去她家里玩，找老太太问功课。后来才知道她是北大毕业的，新华社老记者，先生也是一位很有名的教授。“反右”的时候双双被分到青海来工作，也经历了一段很艰苦的年月。他们在青海养育了3个孩子，都考回了北京，然后赴美留学定居，每年春节寄明信片来。我常常猜想她的故事，从那时候起，对每一个外乡人都特别感兴趣，他们都有比本地人丰富的故事，我也想做一个外乡人。

白云峰：你以后还有可能回西宁生活吗？

格　桑：不太可能了吧。要回也回到藏区里去，西宁毕竟是一个城市，和内陆每一个城市没有根本的区别。我现在觉得自己既不是西宁人也不是上海人，但是一定还保留着西宁人的特质：老实、直率、简单、合群。

白云峰：出来很多年，变化很大，可不变的依旧不会变。

白云峰：我来做一回采访者

白云峰：你是主持人，对吧？

格　桑：是。

白云峰：我业余时间也担任过电视节目主持人。

格　桑：啥？你那是客串。

白云峰：好了，言归正题，你最喜欢看的有关行走、朝圣的书是什么？

格　桑：柯艾略《牧羊少年奇幻之旅》，这本书的故事和文字都很简单，只有干净的想象，没有曲折复杂的情节。里面有一句话“做什么并不重要，世上的每个人都在历史中扮演着重要角色，但通常懵然不知”。我很喜欢这句话。大多数普通人的行走未必有华丽的意义，但你不知道，你已经是一个重要的角色了。

白云峰：你知道的，最牛的行者或者流浪者是谁？

格　桑：佛陀。佛陀是最伟大的流浪汉。他寻求证悟的过程就是一个行走的过程，在他修成正果之后也是与弟子不停行走去弘法。佛教是一个开放、分享的宗教，这与行走有分不开的关系。

白云峰：小时候有一个想往外走的梦吗？

格　桑：有啊。小时候很想看那些杂志上讲到的很棒的演出，但是西宁没有。单从这一点，我非常羡慕大城市的孩子。不过也就这一点，其他方面西宁足够安静地生活了。西宁边上的湟水河，一直流到接近兰州的一条峡谷，叫小峡。念中学的时候，老师总是说：“你们一定要考到外地的好大学，一定要考出小峡。”

白云峰：还记得第一次出走或旅行的经历吗？

格　桑：六年级看了一本商业大亨传记，特别激动，马上效仿，离家出走，搭长途车跑到塔尔寺门口准备卖藏刀挣第一桶金……后被家长火速捉回，暴打……

白云峰：是什么在刺激你往外走？

格　桑：高一的时候吧。迷上了摇滚乐。那时候网络资源不多，CD或者卡带大家轮流借着听。经常看杂志乐评，有几个著名的乐评人孙孟晋、颜峻介绍外国的乐队，但是就很少有机会听到。有一天，一个已经毕业的学长回学校看我们，带来一个大包，往地上一摊，全是英文打口碟，就有我找了很久的唱片。那位学长在广州读大学，从他口中第一次知道了打口碟。我就告诉自己，一定要考到有打口碟卖的城市去。长大以后，这些都实现了，小时候只在杂志上看到的孙孟晋，现在成了一个单位工作的同事。

白云峰：路上什么让你兴奋？

格　桑：吃的……无论是奢侈的度假还是穷游，我的胃和舌头都是一上路就保持欢乐的张开状态。吃到当地最地道的美食，是我去哪里都不变的原则。最重要的是，在吃和找吃的过程当中，你能发现最当地的气质。

白云峰：你走过最远的地方是哪儿？

格　桑：国外都是度假没有行走的经历。国内的话，喀什。我和一个新疆哈萨克族同学一起去玩，很棒的城市，为了方便我们还学了维语，参观玉素甫·哈斯·哈吉甫陵墓，第一次知道《福乐智慧》这本书，觉得伊斯兰文化很了不起，外人了解得太有限。

白云峰：最印象深刻的行走是哪一次？

格　桑：今年5月，我们藏族的萨嘎达瓦，我去阿里转山。一个人到阿里，找了噶尔县的朋友一起去转，两天走完。沿途还捡了很多垃圾下来。那趟山确实是我有生以来走得最苦的路，同伴不让停，一停就走不动了。转冈仁波齐最艰难的是翻海拔五千几的卓玛拉山口那一段，传说卓玛拉山是女的，性情喜怒无常，不喜欢女人。我和一群印度人一起翻过山口，刚翻过去，一个印度女人头一歪，倒在我同伴身上，死了。她的同伴很平静，留下一人和当地向导把她的遗体送去后山，其他人继续转山。印度教徒以死在冈仁波齐为荣。我也是从这时起领悟了“向死而生”的意义。

白云峰：你喜欢一个人往外走，还是跟三两个知己？

格　桑：喜欢一个人走。如果结伴，无论是谁，几个人，你本身就会带一个自己的小世界上路，这个小世界是封闭的。而独自一人，你无依无靠，必须完全打开自己去融入陌生的环境，让新的地方接纳你，你必须去主动发现，主动交朋友，可以最大限度地获得与这个地方的亲密接触。

白云峰：你身边的朋友，谁最喜欢往外走？

格　桑：毫无疑问是孙冕。他的故事就不用我多说了。

白云峰：很多人走不出去，你觉得原因在哪儿？

格　桑：在自己。说没时间没钱的人，其实大约内心不是怎么想出去走的。

白云峰：对于你来讲，不走会死吗？

格　桑：会。我毕竟流着游牧民族的血。

白云峰：行走回来，再看世界和自己的心，有没有变化？

格　桑：无论去哪儿，最终对外界的认识都一样：一、人类在大自然面前太渺小；二、全世界的人都一样。你会发现浙江农民和美国农民没什么不同，人的种类和特性不是以国家和种族区分的。

白云峰：对你来讲，现实里最让你感到压力或窒息的部分来自哪里？

格　桑：自己。我觉得上天对我很好了，周围朋友、家庭、工作也都对我很宽容，但我自己还有很多顽劣的毛病，加上太懒了，很多事情都没完成。

白云峰：最近有什么关于行走的计划吗？

格　桑：最近计划去青海黄南和玉树。做了一个援助藏族儿童学习唐卡和藏族妇女学习藏绣的项目，已经实施半年了，想请援助人代表一起去看看，可能会请我的朋友钱文忠先生，这个项目他帮了很多忙。他喜欢坐火车，应该会坐火车去。

白云峰：有关你的最好的行走状态是怎样的？

格　桑：转山走到体能极限的时候，头晕晕的，眼前的石头都幻化成了各种各样的动物。我昏昏沉沉看见前面蹲着一只狐狸，走到前面一看是块石头，这样的情形出现了一路，看见了猴子、兔子、狗、狼，感觉奇妙极了。行走也是这样的吧，能看到的表面，都很平常，你看到的和我看到的没有不同，但是缘分到了，你看到的就会是一个奇幻的世界。

白云峰：最自由的行走是“心灵的行走”，你有过这样的体会或经验吗？

格　桑：一个人走，一个人乘车，一个人看风景想事情，不用费心和旁人搭话。有过，一个人去香格里拉的时候。

白云峰：行走了还要回来，那么走的意义（或者说出路）是什么？

格　桑：地球是圆的。他乡即故乡。哪里都一样。

白云峰：你对世界最好奇的部分是什么？

格　桑：生死交替的时候是什么感觉？我死了以后会不会有意识？灵魂住在哪儿？仓央嘉措不是说了吗："世间事，除了生死，皆是闲事。"

白云峰：心里最恐惧的部分是什么？你是如何对待它们的？

格　桑：很怕得重病要拖累家人，花很多钱又治不好，自己也受尽折磨、消耗生命……对策是每年体检，如果有一天得了不治之症，我一定拒绝痛苦的化疗、漫长的住院、无底洞地花钱。我要去农村的小学给孩子们做午饭；我要找每一个好朋友喝酒聊天；我要把全部的钱拿出来，留给陌生的可怜人；我要把生命最后的时间，用去环球旅行，我要死在路上，死在有树的峡谷里，化作大自然的养料。

白云峰：如果可以有一个特异功能，你希望是？

格　桑：不想有特异功能。那样跟你们普通人在一起等于开外挂，不公平。

白云峰：你平时喜欢幻想吗？最经常进入的幻想世界是？

格　桑：每次跑起来就开始做梦。幻想的场景是在危急的地方被坏人劫持，坏人要炸毁人口最密集的大楼，而定时炸弹就绑在我身上。千钧一发的时刻我机智勇敢地和坏人做各种周旋，最后打败了他，拯救了城市。重点是我没有杀死他，坏人在放下武器那一刻被感化了……每次沉浸在做英雄的梦想里。

白云峰：如果可以走进一本书或者一部电影，你希望是哪一个？

格　桑：鲁迅的《故事新编》简直太前卫太好笑了，里面有一篇《奔月》，嫦娥吃乌鸦炸酱面唠叨抱怨的想象很棒啊，我希望走进这个故事里帮他们两口子解决一下婚姻问题。

白云峰：能谈谈你的信仰吗？或者谈谈你的无信仰……

格　桑：佛教。我们是天生就有信仰的。就像吃饭喝水一样自然。在人生遇到很大的悲痛无法化解的时候，是信仰让我缓解。比如《西藏生死书》对我的作用就很大很大，对于悲伤的梳理和关于生死的困惑，它慢慢地帮到了我。我比任何时候更感恩和庆幸我拥有的信仰，接受死亡，接受无常，认识心性，学习慈悲。正如佛陀所说："我已为你指出解脱之道，现在你必须为自己修行了。"

白云峰：如果可以改变世界的一个弊端，你希望能改变什么？

格　桑：先改变自己影响这个世界变好的缺点。

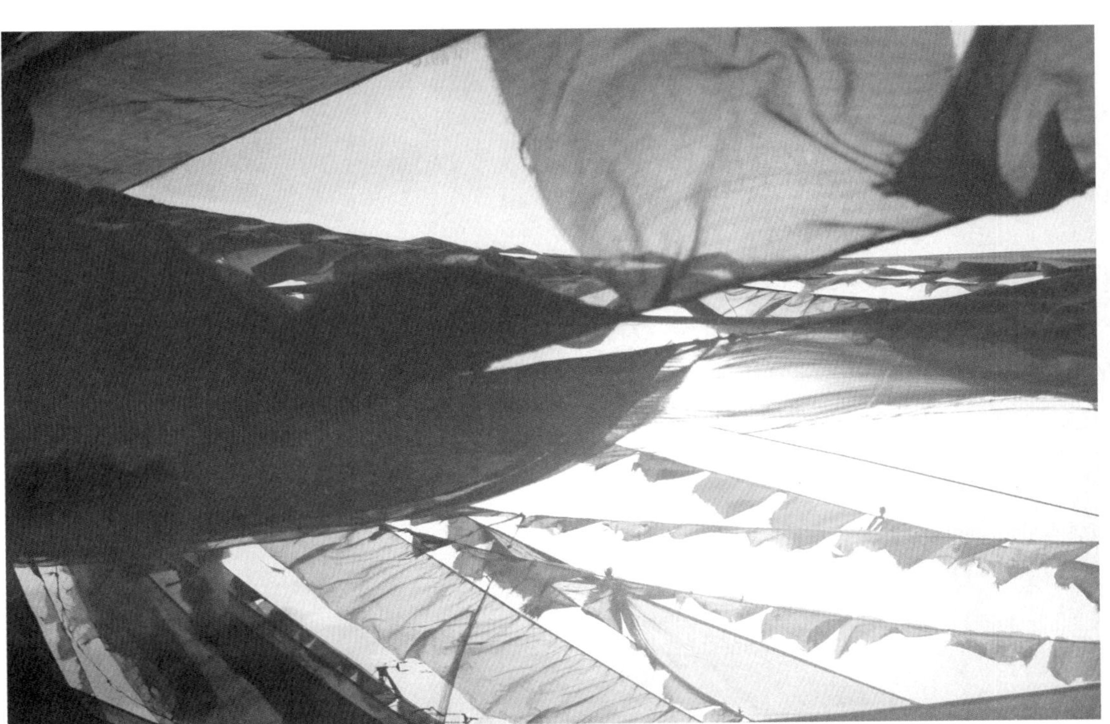

走法。

费勇：如何在城市里游荡

穿行

你又到了一个城市，在车站（飞机场）坐上汽车、公交车或出租车。你开始进入城市了。想一想，以前我们怎样进入一个乡村？从村口延展开一些小小的岔路，通向果园或谁家的园子，每一条路都曲折，而且模糊，我们要摸索着前行。在城市，所有的道路笔直，即使弯曲，方向依然明确，一切都是清晰的。从此到彼，已经规定好了，你只要按指示行走就可以了，事实上，你也只能按指示行走，否则，你无法通行，甚至你还会付出重大的代价。红绿灯是城市道路上最重要的意象。红灯停，绿灯走，这个规则已经深入城市人的血液。人们在道路的交接处停下来，听候红绿灯的指示，这个场景在乡下人看来，也许滑稽，不可理解。

红绿灯并非久远的事物，最早的尝试是在 1868 年，在伦敦，人们开始琢磨一种交通信号灯，试验的结果是炸死了一个警察。然后，到了 1914 年，第一批红绿灯出现在美国克利夫兰市，只有红色与绿色。1924 年，又增加了黄色。在今天的城市，红绿灯遍布各个大街小巷，似乎所有的行走都在它的操控之下。所以，城市并不像许多人想象的，是自由的天地，而是充满了束缚的公共体系，你要进入其中，首先得遵守规则，按指定的轨道行事。

1845 年，香港的殖民当局颁布了一项警章，被禁止的事项有 17 项之多，例如：不准在路上、公共场所或河上、井内投放垃圾，不准在路上摆摊，不准不按路线行走，等等。发展到今天，我们身处在城市，在仿佛自由的空气里，其实有无数条“不准”在管制着我们。不过，大家已经习惯了。

因此，在现代城市中，就像凯文·林奇所说：“很少有人完全迷路。”（《城市意象》华夏出版社，2001 年）我们走在城市里，走在编制好了的道路上，右行、左行、左拐、右转，一切都在秩序中。你进入了城市，在城市里穿行，而且，许多时候，你只能在车上，穿行，在街道上，透过玻璃窗，看两边的景致。与城市的道路相对应，城市的生活非常程式化，人们在时间表里讨生活。

每天在固定的时间起床、出门，乘坐固定的班车，到固定的大厦、房间、座位，做固定的工作。在相同的街道上来来回回，每天如此。你进入了城市，无数的陌生人进入了城市，过路，或者停留，但不会激起半点波澜，城市一如既往地运转，就像昨天，也像明天。你坐在车上，或者走在街上，在穿行中，想捕捉城市的秘密。眼前是流动不已的场景，与其他城市没有什么异样。然而，每座城市有它自己的秘密，就像每个村庄都有它自己的秘密一样。于是，游荡成为一种必需。穿行引导我们感受城市普遍的法则，而游荡指引我们抵达城市的秘密区域。

游荡

在城市之外，城市有它自己的自由，在乡村所难以获得的自由，比如，游荡的自由。如果你在一个村庄游荡，马上就会引来注意，许多种眼神会黏在你的身上。但在城市，无论你是本地人，还是外地人，无论你在何时何地，你的游荡都不会引起别人的注意，更不会有人来干涉你。因而，在城市里，栖居着一个被本雅明称为“游手好闲者”这么一个族群。

在此，我挪用“游荡”一词，所意指的是进入城市的一种方式。如何进入城市？这是一个问题，城市的真正中心在哪里？到了天安门、长安街，到了外滩、淮海路，到了西湖，是否就已经进入了北京、上海、杭州？也许，应当区分城市的两个层面：标志物与日常生活；相关的两个层面是：游人与定居者。

严格地说，城市里没有定居者，至少，没有土著，所有的人都是游人，或者说，是游人的后裔。所以说，城市本身具有游弋不定的色彩。你一眼望去，往往很难区分定居者与游人。在街道上，都是陌生人，聚集在东南西北的街道，来或者去，谁也不会为谁停留。然而，游人与定居者的分界并非虚无，正是此种分界，构成了城市曲折的韵味。

与游人对应的物象是标志物，与定居者对应的状态是日常生活。标志物从日常生活中游离而出，成为一个记号，为着游人，尤其是游客的观光而存在。我们到一个城市，必得驱车去一个或几个标志物去观看，以为看过以后，就算到过。而事实上，游人与标志物只是漂浮的街景，它们只是一个城市的轮廓，虚幻的影像，城市里某些凝固的气味，必须从定居者的生活之处去寻找。

而这，恰恰是游荡的乐趣。即使是一个定居者，如果只是每天在你的城市里穿行，你永远不会发现你所居住的城市到底是怎样的一种底色。从主干道上岔开去，沿着一条街道慢慢向前走去。就像乡村的后面，有后花园之类的秘密场所；在城市的脸面后面，也到处流淌着另一种气息。在繁华大街的两边，是网状的支线，把城市的日常生活编织起来。有意思的是，许多人不会往旁边岔开去走，他们只是在主干道上来来往往。

我自己在一个小区住了近十年后，某一天，偶然游荡开去，才发现就在我们的旁边，曲里拐弯地隐蔽着一个村庄。在高楼大厦的包围里，仍然过着乡村式的生活。这是游荡才能发现的秘密：在城市，有时候几乎是一街之隔，就是另一个天地，也就是说，在同一个城市，人们其实生活在不同的时间与空间。

当你从城市的这一头游荡到那一头，不仅仅是空间的置换，同时也是时间的置换。在纽约、巴黎，或者在上海、广州、北京、香港，当你从商业中心的华丽，遁入那些后面的街区，你会发现不同价值观念、生活方式、社会地位的人群，各自生活在不同的区域，那些街道，无形中像边界，模糊而又清晰地把人群区分开来，各自相安无事，在同一个城市。

迷乱

城市有它清晰的一面，也有它十分模糊——确切地说是迷乱的一面。在城市，我们也许不会迷路，但是，我们很容易就会迷失。一个从乡村或小镇第一次进入大城市的人，会感到晕眩，甚至会像《子夜》里的吴老太爷那样一到上海就死掉。虽然城市的道路整齐划一，而且到处是指示牌，但是，道路上的景象总是川流不息。你站在街道的旁边，见到的只是一闪而过的面影。没有什么是静止的，什么都在流动之中。是一些无法把握的事物。

比如，此刻，夜晚9点，你在香港的旺角，或者在东京的银座，你走在人行道上，无数的人在你的身边来与去，没有一张脸或某个表情，会为你停留。都是些陌生人。如果在乡村，一切静止，一切熟悉我们，就如我们熟悉一切，就如我们遇到的每个人，都知道他是谁。但是，这是在城市，你看过去，对面走来的，身后走过的，擦肩而过的，都是陌生人，不知道他们是谁，他们也不知道你是谁。何况你是一个路人，即使居于这座城市，在你居住的街道上，你见到的仍是陌生的脸孔。一切都是不确定的，连你自己，都常常忘了你自己是什么人。

在什么都标示得清清楚楚的街道上，我们竟然常常失去了方向。

声音与色彩淹没了你，在城市。阿狄生两百多年前因为受不了伦敦的嘈杂，写文章冷嘲热讽了一番，那还只是消防员的敲锅声、阉猪的声音、叫卖声，如果他老先生活在现在，尤其是现在中国或其他发展中国家的城市，不知道是否能够忍受一天 24 小时从不间断的汽车的声音。我们听到的不是人的声音，而是机器的声音。机器的声音占据了城市的每个角落，你无路可逃。文字与图像，还有建筑物、展览商品的橱窗、行人的服饰等等，着上了缤纷的色彩，丛林般地包围着你。

如果说在乡村，资讯的匮乏是一个问题，那么，在城市，由斑斓的色彩所带来的资讯，过于丰盈，完全侵占了个人的感官。城市的问题是“五色令人目盲”的问题。色彩把我们引进一个没有尽头的欲望世界，以有限的生命去满足无限的欲望，这是城市的烦恼与迷乱。

城市的迷乱还体现在：无论你如何走，如何努力，你永远在边缘。城市的结构总是有一个市中心存在，然而，恰恰是市中心，给予了我们最深刻的边缘感。站在外滩或天安门的中心，你就到了上海或北京的中心吗？完全没有。恰恰是你站的姿态，意味着你离城市的中心还很远很远。那么，城市的中心在哪里呢？即使在一座城市里穿行、游荡一辈子，也不可能真正抵达。

路灯

关于城市里的路灯，本雅明有这样一段论述：“在小说中，爱伦·坡让孤独变得模糊隐晦。他在汽灯的光照下流连于城市。游手好闲者的幻觉集中在以室内形象出现的街道。在露天使用汽灯始于波德莱尔的童年时期，分枝形汽灯被安装在旺多姆广场。到拿破仑三世的时候，巴黎的汽灯迅速增加，这使城市增加了安全感，人们即便夜间在空阔的大街上行走也感到轻松自在。而且汽灯比高楼大厦更有效地掩蔽了星空。”（《发达资本主义时代的抒情诗人》张旭东 魏文生译 三联书店 1989 年）至于路灯在中国出现的年代，我一直找不到确切的材料，不过，可以认定，十九世纪中叶左右已经出现在香港，因为一份档案显示，港英政府在 1845 年的一项条例里，规定不准行人熄灭路灯。

耐人寻味的是，在二十世纪的大部分时间里，路灯在中国人的生活里，或者说，在审美生活里，并不占有十分重要的地位。新文学的开山之作《狂人日记》一开头就是“今晚的月光真好”，到二十世纪四十年代张爱玲的《金锁记》一开头还是月亮，连徐訏《鬼恋》这样似乎很现代的小说，主人公走在上海的街道上，踏着的还是月色。穆时英的许多小说充溢着城市的灯光，他把街景说成是“溶在灯光里的街景”，但是，单独的关于路灯的意象仍然不常见，他真正爱好的还是月亮与星星。

当然，我的兴趣不在于追溯路灯的历史，或路灯的文学书写史，我真正感兴趣的只是本雅明最后的那句话：“更有效地掩蔽了星空。”在古典时代，人们踏着月色而归，而现在，由于电力的发明，路灯照耀我们回家。这是城市的秘密：以人工制品取代一切自然的事物。水泥、钢筋封住了泥土，大地渐渐地在我们的生活中消失，路灯以及其他的灯光淹没了月亮与星星，天空渐渐退去。发展到今天，城市里充斥着波德里亚所说的拟像，现实世界似乎已经退场。

我们生活在一个超度现实的场域。灯光的四处流溢，颠倒了时间的秩序，消除了日与夜的界限。夜晚不再是夜晚了，白天也不再是白天了。因为路灯以及其他灯光的存在，一个只属于城市的另类空间诞生了。这就是我们所说的夜生活，是一座城市最重要的魅力之一。由声音、色彩、形状、灯光，以及各种气味，构建了一个与白天完全不同的世界，充满着隐秘的暴力、纵欲，以及包裹在情调之下的粗俗欲望。酒吧、迪厅、咖啡馆、夜总会、茶艺馆等等。城市的夜色给予居住者制造路上的感觉，给每个过路者制造在家的幻影。堕入城市的夜色，所有的五官都模糊成一些阴影。

然而，不管怎样，在暴戾而喧嚣的城市，路灯属于温柔而安静的事物。早先，它是淡黄色的，一盏一盏，相隔远远地，在城市的夜晚，守望着一个或两个夜归人，还有许多人的梦境。那气氛适合浪漫主义风格的作品，有点忧郁，有点落寞，安排男女主人公在路灯下告别，或者，其中的一方在路灯下徘徊，如果是在冬季，飘着点雪花，那就更加回肠荡气。现在的路灯一盏接着一盏，全是刷白的颜色，有时甚至刺眼，而夜行的人成群结队，且都在车里一驶而过，大概不会再让你感到忧郁与落寞了，至于温柔与安静，似乎还萦绕着，余韵般地。在深夜，路灯把街道照得一片银白。相聚时的热闹与散场以后的萧条，都变得清清楚楚。

我从前住的房子就在街边，那是30年前了，一盏路灯歪歪斜斜地耸立着，是木头的柱子，我从窗外看去，透过梧桐树叶，常常把它当作了月亮。在夏天，灯光的周围聚拢着一群小小的蚊子，不停地盘旋，在冬天，灯光的周围似乎漂浮着一层暖暖的气流。有一年在一个城市旅行，因为失眠，夜半走到一个居民区附近的街道，沿着路灯的光，向一个方向走去，直到最后一个窗口的那盏灯熄了。路灯还亮着。当路灯暗下去，天就亮了。

商场

我们要去的不是商店，而是商场。商店只是一个购物的所在，我们需要购物才去那儿。商场却不仅仅是一个购物的场所，还是一个可以游玩的场所，一个波德里亚所说的巨大的蒙太奇工厂。它的前身是百货商店，现在它以这样一些名目出现在世界各地的城市：超市、购物中心、某某大厦、某某广场等等。它与那些夜店、大饭店一样，是出走者或旅人在城市里的目的地之一。

一个人去夜店，如果说是为了释放某些被禁锢的欲望，或者只是为了满足观看的欲望，那么，一个人去商场闲逛，又是出于什么目的呢？当然我们很多时候真的为了购物，但我们很多时候确实不是为了购物去商场的，有时是作为游览的项目，有时是作为消遣，有时甚至是约会，诸如此类。总之，商场成为路上的一种状态，演绎着出走的另一种姿势。这确是城市的魅力：随时随地可以出走。在乡村，一个情绪苦闷的人假如在村中晃荡，或者在果园里徘徊，那么，很快就成为一个事件。但在城市，你一跨出你自己的家门，你就上路了，没有人认识你，更不会关注你，你只是一个路人。

商场似乎具有某种乐园式的功效，一个由商品构筑起来的自我封闭的世界。大饭店与夜店也是封闭的自我世界，但你一进入那里，就得停留下来，由行人转换成栖居者，虽然是暂时的。商场正是在这一点上显示自己的特色，你一进入，就进入了一次散漫的行程。商场把所有人变成一个旅人，一个在商品的丛林里探寻、发掘、张望的旅人。

确实，所有的大型商场，都营造了一种原始丛林的幻象：丰饶、无穷无尽。一个现代人在大型商场里穿梭，难道不就像一个原始人在丛林里跳跃着四处寻觅吗？只不过商场里的一切，都经过精心的分类，我们只是在各种指示里穿梭。第一层：一个大型的超市，从入口处进去，推着购物车，沿着商品的排列徐徐向前，水果、蔬菜、日用品、罐头、速食品、饼干、糖果、保健品……

在超市的外面，有一家快餐店、一家西餐厅，而在所有的空地上，都摆满了各种大众化的商品：从儿童玩具到体育用品。第二层、第三层，一家大型的百货商店，从男女服装到电器家具，有序而曲折地分布在上下两层。在它的外面，是一家接一家的专卖店，从时装到零食、书籍、化妆品、药品等等。第三层：美食城，来自全国乃至世界各地的饮食会聚一堂。第四层……

各种气味混合在一起、各种形色集合在一起、各种商标像积木一样挤在一起。你的眼睛不停地搜寻，手不停地触摸，但最后你选中的，只是一件或几件商品。购物已经变得不重要了，如果仅仅为了购物，一家小小的杂货铺就已足够。就如波德里亚所说，大型商场烘托了一个节日形象。像一个巨大的盛会，一个巨大的游园会。

因而，我们不难理解，为什么许多人把商场作为一个减压的场所。许多所谓的“购物癖”，其实，所获得的快慰，并不完全来自购物，而是在购物过程中的游荡。在商场里游荡，一方面，我们得到节庆的愉悦，另外一方面，有点像中国古人说的：坐一室即是九州，得到的是一种在室内行走的愉悦。似乎永远享用不完的商品，链接着一个接一个的界域。

柜台的拆除至为关键。柜台设置了一道屏障，你必须付钱才能得到你想要的商品。而在商场，人可以直接在其间游弋，观看、抚摩，就好像它们已经属于你了一样。一个身无分文的人，在商场也不会感到自己贫穷，商品不会因为他贫穷而不向他搔首弄姿。只是，当他走出商场，绕开小乞丐们固执的手，在灿烂的阳光下去赶公共汽车，他才会明白，刚才只不过完成了一次完美的梦游。

说地。

静下来　哪儿都有美好的东西

春　晓　名模　歌手　演员

冯　佳　平面设计师

纪汶汐　自由撰稿人

2012年8月12日

北京·丹堤小馆

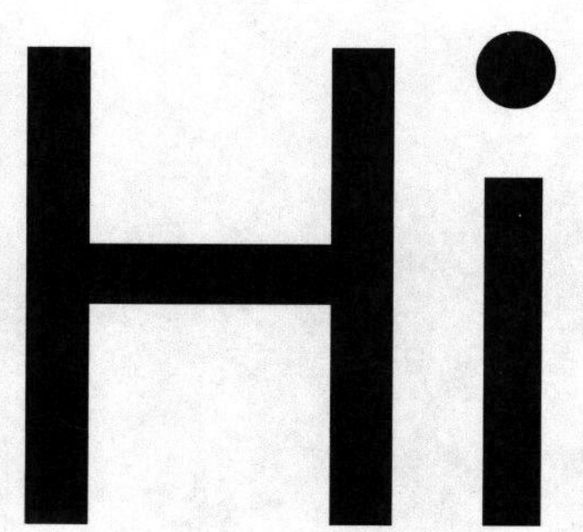
Hi

丨谈自闭症儿童：他们是天才

纪汶汐：是你（春晓）带着佳子去，还是她带着你去做这件事儿（救助自闭症儿童）的？

冯　佳：我们俩谁也没带着谁。她是从她那个心理去的，我是因为好奇那些孩子为什么画画儿好。

纪汶汐：哎对，我也是好奇这个。你是觉得他们画得真的好吧？

冯　佳：当然啦！我不是老（在微博上）写嘛，他们就是天才。

纪汶汐：那他们能够成为伟大的艺术家吗？

冯　佳：看你怎么引导了。现在这种情况，没戏。

春　晓：对。

冯　佳：家长在控制，会拿他们的作品去比较，他们（孩子）的心理很正常，家长之间，今天这个没参加，下次那个也不去了。

纪汶汐：那就不好了。

春　晓：（笑）你还说那就不好了，但是事实情况就是这样的。

冯　佳：你像法国有一个基金会，你把孩子交给他们，他们每一段时间给家长多少钱，就是所谓的慰问金，让他们放心地把孩子交到那个学校，他们是封闭的。每年有一个自闭症儿童的作品展，拍卖的钱再回到（关爱）自闭症儿童的事情上，但是这个过程中家长不参与。

春　晓：因为咱们这没有人去扶持这一些，说白了政府需要扶持的东西太多了，这一块还是很少的一部分。澳洲都是政府扶持，有专门的机构，很多资金支持。

冯　佳：中国人太多了，而且自闭症程度轻重不一。我估计她（春晓）都有。

纪汶汐：她肯定有。

冯　佳：每 100 个人里面平均有一个，你就想吧。

纪汶汐：（问春晓）你觉得她（冯佳）有吗？

春　晓：她肯定没有。你可能有一点。因为它（自闭症）概率太高了。每一个人的症状都不一样。

纪汶汐：他们（自闭症儿童）之间会互相认出来吗？

冯　佳：他们之间的沟通方式会不一样，可能谁和谁特别好，但你根本看不出来。

春　晓：我们接触的家庭，他们都是这样的孩子们在一起。

冯　佳：我刚才陪着一个孩子去打针，他就一直在抠手。家长过分地关爱，给他拿各种东西玩。我就蹲在那儿看了他好长时间，他突然摸了我脸一下。他妈就"啊！"很惊讶。

春　晓：你可以跟他沟通的。

冯　佳：我就在那儿学他的表情，(他)也没乐，就是看了我一眼，轻轻地摸了我一下。一个三岁半的男孩。

纪汶汐：那是他在跟你交流。

冯　佳：嗯，肯定是。

纪汶汐：这也是行走，每一种寻找和探索都是行走。

丨谈相识：我们也是笔友

纪汶汐：其实我给你（春晓）写信，也是行走。

春　晓：对，我也是。

纪汶汐：对，我俩特肉麻，不知道为什么，我特别喜欢给她（春晓）写信。

冯　佳：我们俩刚认识的时候也是通过 email，聊了好长时间。

纪汶汐：啊？你说说。

冯　佳：是 2003 年，我们俩开始通的信，我们俩先通了一个电话，我说把你邮箱给我，她给我的邮箱。通过一个朋友认识的。刚开始都没见过。

纪汶汐：那你（春晓）怎么知道佳佳呢？

春　晓：她知道我呀！

纪汶汐：那你们都写什么呀？

冯　佳：自我介绍，哈哈哈，特逗。然后她也回一个自我介绍。她刚知道我的时候以为我是一个富婆，一个那样的女的。后来一看照片，咦？怎么是这种情况的。然后通了半年信，才见着。后来熟了之后就不通了，我们都以表情交流，哈哈。

纪汶汐：但是我还是会接着给你（春晓）写，我喜欢写。

春　晓：我也是。那是不一样的，可能是性格的关系，见了面反而不知道说什么。像我们俩（和冯佳），就是待一块不说话也没事儿。

冯　佳：我们俩在一块，别的人跟我们坐一块会特别尴尬，基本上就走了。

| 谈旅行：静下来，哪都有美好的东西

纪汶汐：你俩一块旅行过吗？

冯　佳：没有。

纪汶汐：你俩是会一起旅行的人吗？

冯　佳：当然，但是有可能一直不说话。我旅行基本上一个人，很少一大群人一起。

纪汶汐：我也是喜欢一个人出去，瞎感受吧。

冯　佳：我喜欢一个人，到一个地方，不干什么，就待着，开始想。往上想，我为什么会想到这，然后再往回倒，每天都在干这个，可以一直想到晚上。

纪汶汐：在外地想和在北京想，有区别吗？

冯　佳：当然有区别啦！

春　晓：当然有。

冯　佳：首先从你自己接触的环境，就不一样。那是纯个人的，比如说去国外，我会特别踏实的一点是，谁也不认识我。比如我们俩（和春晓）见面，都不在店里。我特别排斥那种聊聊天，谁都过来跟你打招呼，由于你是店主，你必须得去接待。而且到了外面我基本不坐交通工具，基本都是走。国内国外无所谓，而且我没计划性。今天起床，订张机票就走了。我特别讨厌那种几月几日，去哪里，干什么，跟谁，完成什么，几月几日回来……我特别怕这个。

春　晓：这就是我。我必须得有计划。她是绝对那种背包族，去的酒店也都是特别随机，我绝对不行，我必须把所有的住的地方、行程、什么时候回来……全部计划安排好，然后到了那之后再可以随机，但大框框是一定要有的。

冯　佳：如果我们俩一块走，我会随她。我会只跟她说，不要要求我几点起床就行。

春　晓：那倒不会。我是特别双重性格，这也是不安全感造成的。

纪汶汐：你们觉得旅行中最迷人的是什么？我个人觉得是在瞎逛的过程中看到的那些特别琐碎的东西。我那天还在给春晓的信里说过，我们曾经大队人马一块去西宁，后来他们都走了，就剩我跟摄影师两个人，我们需要完成拍摄的任务。有一天，我们俩就爱谁谁了，哪怕完成不了任务，我们也要随性。我觉得随性就是对自己最大的尊重。后来我们俩就溜达到一个地方，看到门没关，我们就进去了。看到一个古色古香的院子，里面种了好多丁香花，还有木头做的椅子，跟自己家似的。然后进了屋子，看到好多精致的唐卡，后来又在另一个屋子里看到一个中年妇女和一个年轻的女孩，用软的金丝在勾描。我就问她们："这是工作吗？"她说："我已经做这个十几年了，这就像是我的命一样。"我说："那我能拍你吗？"她说："你们随便。"我就坐在那儿喝着水，看她们做唐卡。再比如，在街上看到一只小猫，我就想要去逗它，这种感觉是特别让我迷恋的，但是不知道为什么，在北京我就看不到这些东西。

冯　佳：因为你不注意。

春　晓：那是因为空气和环境的原因。

冯　佳：也不是，她（纪汶汐）在北京不会注意这些，因为她觉得这地儿太熟悉了。

春　晓：你想一想，比如说晚上下完雨之后空气特别好，还有点湿湿的，你自己走在路上，马路上掉满了叶子，肯定会有感慨的。是你不愿意去看。

纪汶汐：我就会想，赶紧回家吧，堵车呢。

春　晓：因为你活在这个现实里，北京是你工作生活的地方。

纪汶汐：对，我的意识就是赶快去工作，赶快回家，我看不见好多美好的东西。实际上北京也有好多美好的东西。

春　晓、冯佳（异口同声）：当然了。

冯　佳：我要是没有朋友在，就特别喜欢在店里坐在一个角上，看那些人，猜他们都是干吗的，这个习惯我有好长时间了。而且我有一个本，会写在上面。他们穿什么，说话的状态，和人说话是不是自信，聊什么，最后写一下，这人有可能是干吗的。写了特别特别多。那时候在认识的酒吧，我就让店主帮我问那些人都是干吗的，最后证明 70% 以上都是对的，我觉得这个是特别逗的。我针对你说话的时候，我已经把我的东西暴露给旁边没有意识到的人，弱点、缺陷一下就能看出来。

纪汶汐：你已经很擅长看了，是吗？那你看我吧！

冯　佳：你很多时候在示弱，你会随大溜。

纪汶汐：因为我觉得那样不累。

冯　佳：其实那样挺累的，因为你在迎合别人干一件你不愿意干的事儿。

纪汶汐：我不累是因为我真不出主意，就是做个旁观者。

冯　佳：我如果被人强迫去接触一个什么人，或者去到一个什么环境，我会马上被人看出来，极其腻烦。

纪汶汐：你是特别自我的，我是一个“自我”的叛徒，会愿意背叛我的自我。比如说我今天来餐厅，我是不点菜的。

冯　佳：其实你有自我，你只是保留得比较深而已，自己知道。

春　晓：你这是对自己不负责任。

纪汶汐：我觉得我已经成了习惯了。

春　晓：你是艺术家，艺术家都是博爱的。她（冯佳）是一个领导者。咱们都是属于那种，对于在一帮人里，让别人去点菜吧，这其实也是一种博爱，是让大家不会讨厌你，或者跟随你的意愿去行使。

冯　佳：我做不到。那我就走，我会说我不跟你们吃了。

春　晓：她（冯佳）是非常直观的，好不好，伤害不伤害，是很权威性的那种。

冯　佳：比如咱们在聊天的时候，不熟的人我从来不说，熟的人如果让我发现有一个什么问题在左右你，说一种违心的话，我会不管旁边有谁，马上质疑。

纪汶汐：你不怕会伤害别人吗？

冯　佳：如果我做的这件事情以我的初衷是为你好，而你不接受，那你只是没有资格做我的朋友而已。真正能接受，明白我在说什么的人，他可以跟我走得很近。

纪汶汐：那你活得挺纯粹的。我就活得很模糊。

春　晓：你活得很艺术。我是分得特别清楚的那种，工作上绝对一是一二是二；生活上，比如说朋友非要拉我陪他们逛街，我也就逛了，但是自己什么都不买，我要买东西就会自己去。

纪汶汐：那你对朋友就是纯付出了。

冯　佳：这种事情我会问："你要买什么？"她会说我要买什么什么，我会马上说："你不用去那儿了，我带你去一个地方能5分钟把这个事儿解决了，行了吧。"

谈思考：哪怕待着，思绪也能“飞”

春　晓：她（冯佳）的性格是没有矛盾和冲突的，非常非常纯粹。你（纪汶汐）是需要跟着外界环境走的，这就是不自信。我反正是任何条件下都可以的，只要我想要进入到那个状态，哪怕在家，我都能想得特别“飞”，能看到好多好多平时看不到的东西。

纪汶汐：有些人是需要打坐、禅定，你是怎样的？

春　晓：那都是形式。

纪汶汐：对，其实心是随时都可以行走的。

冯　佳：行走不一定是动态。

春　晓：对我来说就是内心的一种修行。我有了感慨就会去写很多东西，通俗点说就是像恋爱，很激动，特兴奋。突然进入状态了，那个情绪就来了，什么东西都会变得非常美好。当很多人无法沉淀下来的时候，会需要一种固化的形式。

纪汶汐：对，我是需要这种形式的。

冯　佳：我估计，我们俩（和春晓）差不多，就找一特舒服的姿势，仰着。我会想我自己的计划，在计划里面想困难。我特别讨厌那种：“我跟你说我现在要干一个什么什么事儿，特别牛，会有多少多少收益”，我特别烦这种人，他说这些我马上就会乐，你绝对干不成。因为你没有想困难，如果你觉得这事儿“刷”一下特顺利，不可能。那我就会去把所有可能出现的困难一个一个想出来，然后一个一个再去解决它，特别爽。但是这段时间可能一天就过去了，我会在收的时候把所有事情都想好了，画面感很强。

纪汶汐：聊一个比较“飞”的话题，你想过你像《西游记》里的谁吗？

冯　佳：师徒四个我肯定谁都不是，我估计我是跟谁都没什么关系的，而且我是“妖”那拨的，还会把唐僧弄得死死的。

纪汶汐：《西游记》里有妖把唐僧弄得死死的吗？

冯　佳：没有。都是没有计划性的笨妖。

纪汶汐：我自己觉得我像白龙马，特傻、有点笨，驮东西的。

冯　佳：说自己是条龙你还行！

纪汶汐：他们有人说我像土地公公，平时不知道自己干吗，孙悟空一喊他就出来了，他就给孙悟空解释一些东西，解释完就跑了。我觉得我客串的程度有点像土地公公。

冯　佳：如果你非得说，那我只能是在唐僧收徒弟之前，花果山上的那个孙猴子。

春　晓：那我就是500年后的孙悟空。

冯　佳：我估计她（春晓）会把唐僧的路线规划好，路上哪儿会遇到妖精，她会避开。

春　晓：你不觉得他（孙悟空）很有计划性的吗？妖怪一出来他先去铲。

冯　佳：屁，他先找别人帮忙去了。

春　晓：但是如果没有他，就永远走不下去了。

纪汶汐：春晓像孙猴子的地方在哪儿啊？

冯　佳：她肯定先冲啊，为朋友。实在冲不动了，“欸，帮我一个忙”。但如果是我，肯定不会在被迫的情况下去干这件事。

春　晓：孙悟空很悲壮，师父对他那么不理解，开始因为紧箍咒先骂一通，然后慢慢驯化了，把事情做完了。

冯　佳：我截止到弼马温吧，弼马温之后肯定不是我了。我要是当弼马温，我得美死，开心。

春　晓：我的博客、微博，都是这种被迫开的，我先气，气得我要死，然后自己较劲好长时间，最后觉着，就写吧，然后写得比谁坚持时间都长那种。

丨谈穿越：黑暗年代，我们是怎么死的

冯　佳：他们形容我，就说是一个极其有规划性的疯子，还总能成功。

纪汶汐：我觉得你最厉害的是，把这一点贯穿在你所有的生活里。

春　晓：她（冯佳）不是在贯穿，她就这样。

冯　佳：当你真正用你自己的心接受你的现状，你的力量就全在这儿了。我也就只会吸引跟我一样的人，我的圈子就形成了。如果你是模糊的，那你的圈子就会很乱，有这头的人，也有那头的人，他们就会觉得你怎么这样呢？但这其实很正常。

纪汶汐：但是我不敢像你这样。

春　晓：这是性格的关系。

冯　佳：这就是每个人身上不同的味道，你说你是什么味儿，你说旁边人什么味儿，别人说你是什么味儿，你自己闻不着。

春　晓：她（冯佳）就是很单纯，做这件事情没有任何不可思议的东西，就是很简单地做想做的事情。

冯　佳：反过来说我也是一个极度自私的人，我不能让自己不舒服。

春　晓：好在她（冯佳）是一个善良的人，她没有坏心，所以她做的事情结果一定是对的，或者说是好的，也许会伤害人，但是内心也无所谓。

冯　佳：往往你做出了一些你能力之外的去关心别人的事情，其实是给别人添堵。

春　晓：如果你真的想去勇敢，也是另外一种情形，另外一种表现形式。

冯　佳：对，我自己特知道，如果我要做坏人，我能坏死，我还是有计划性地坏，所以我就老说，千万别逼我当坏人。

纪汶汐：什么样的事情会把你逼坏了？

冯　佳：没有。

纪汶汐：在一个黑暗时代，恐怖力量很强大的时候，会把一个人逼成什么样？

冯　佳：首先我们说受迫害的人，他们有忠肝义胆，但是他们没有能力保护自己；有一部分是懦弱的，哎，整就整吧；还有一种人是背叛的，我揭发他们和她们，但是保全了我自己……我呢，可能是变得比他们还坏，用我的能力，不跟他直撞，但是我会变成一个坏到我有能力保护我身边的人，但也不会去迫害什么人。如果我知道你是一个坏人，她（春晓）是我要保护的，那因为你坏，所以我会害你，在害你的时候把她保全了。

春　晓：梁山好汉！

冯　佳：罪有应得。梁山好汉都没脑子、没计划。

纪汶汐：从编剧角度讲，你这个性格是非常吸引我的一种塑造人物的类型，我特别想描述一个这样性格的人当主角，它会是非常有张力的。一个有黑暗气质的人，用黑暗来保护受迫害的人。我在那个时代是，就去死了。我绝对是黑暗时代刚开始，我就去自杀了。因为我没有办法去对抗它，我也不知道怎么来保护自己，我不想去妥协，我就去死了。

冯　佳：这个东西没有绝对的好，也没有绝对的坏。她（春晓）就会保护别人，然后被人打死。

纪汶汐：你看同样是死，我死得有点没意义，但我觉得我也是保护了自己的不妥协。

春　晓：你都没有任何尝试，也没有给自己任何机会，就白白牺牲了。

冯　佳：列军队，你们白羊（座的人）一定是头阵，然后冲上去，就死了。它还没有交手就牺牲了。我是属于藏在旁边草堆里给人放暗枪那种。

春　晓：把自己说那么坏。

| 谈自我：境随心变

纪汶汐：我觉得我的行走就是发现我自己，然后修正我自己。我特别不怕发现自己的缺点，我也觉得自己挺需要修正的，所以今天我也在不断地找自己。

冯　佳：这就是需要照顾和被照顾的区别。我特别接受不了那些多余的照顾，我更享受的是我照顾你了。我在给你出了主意之后，你做了一件事情让自己高兴了，我会特开心。

春　晓：我自己照顾自己，也想照顾别人。那你之前的行走里，你觉得自己有进步吗？

纪汶汐：我有，但我也还是要看环境，但我也认命了，我就是一个需要在环境中被带来带去地历练的人，但我觉得你是我见过的形状最鲜明的一个人，你是怎么变成这样的？

冯　佳：我从小就这样，而且我爸我妈在我小学六年级的时候跟我说，反正我们告诉你，你也不听，但是你自己的选择，失败了，你也要自己承受。

纪汶汐：我觉得这个特别好，但是我在去年才明白这个道理，只要你敢承受，你就随便做。

冯　佳：但是这个过程要事先想好，不是天马行空的。因为我的性格是很怕麻烦的，很怕拐弯路，用我的方式去达到它，但是经历什么过程，就不一定了。

春　晓：家庭也有关系，她（冯佳）的家庭是很完美的。

冯　佳：我爸是倔到一定程度，我妈是善良到一定程度。我会很善良地对我身边我认可的人，但会有绝对的主权性，我会告诉他们，你这样做怎样怎样不对，让他觉得不能再这样下去了。

纪汶汐：假如说有两种人：一种是鲁迅那种人，一定要直接说出来，哪怕把人刺得体无完肤；另外一种就是胡适那种，特别柔和的，话都说一半，让你去悟吧。有人觉得胡适更高明，你觉得呢？

冯　佳：但是胡适比鲁迅难受多呀！而且鲁迅说的东西都能自己承受。因为我一直认为一句话特别对，如果我自己都不强大，我拿什么照顾别人，纯属给别人添堵。

纪汶汐：你这样一个做自己的人，会受很多伤害吗？

冯　佳：你要分清楚那是不是伤害，因为那是你自己选的，你的经历而已。伤害，只来源于自己。

春　晓：伤害都是自己给自己的，我们俩（和冯佳）差不多，但是我就会受伤，找受伤，自己哭。

冯　佳：打个比方，假如说两个人在一起，也许最初你觉得百分之百契合，但是时间长了，两个人会互相适应对方的优点，放大对方的缺点，矛盾就会自然产生，这是一条必然的路。所以你说受伤害，再好的两个人都会有，看你怎么理解。

春　晓：行了，你（纪汶汐）其实是一个很强、很精彩的人，我看得很清楚。你的生活、思想，你的世界是很精彩的，完全不一样的。但你就是活自己的，你就是很强大的有魅力的。不然我也不可能跟你通信，所以你做好自己就好了。

冯　佳：你不要考虑因为环境，你怎么样；你要想的是，因为你，环境会怎么样。

春　晓：这个是很难的，估计你（纪汶汐）要走个十几二十年。

纪汶汐：我的行走暂时可能还是表面化，但我要从表面化开始往外走，去感受，慢慢脱离一些北京这样把我固化的地方。

春　晓：北京招你惹你了？

冯　佳：是你把你自己的北京变成这样的，跟北京没关系。

纪汶汐：对，没错。

丨谈行走：无需形式的自我修行

纪汶汐：我还真的是一个需要在行走中慢慢强大自己的人，而你们已经不需要这个外在的形式了。

春　晓：我是一个一直都在行走的人，我的行走是发现，而且每次几乎都不一样。既然发现了就说明你是拥有这个能力或者拥有这个世界的，就是去慢慢发现就好了。

冯　佳：因为我们一直在行走，不管是脑子里、心里还是身体上的，它是一直在走的，并且行走就是验证了自己认为的自己。我会知道，哦，这件事情对于我来说，小菜一碟，没有任何需要挑战的东西。在完成了之后，哦，我想是对的。

纪汶汐：我们再“飞”一次吧，你觉得自己的思绪最“飞”的是什么时候？

冯　佳：文身的时候。那种疼痛感会让你特别单一地注意一件事，这个是皮肉上的疼，会让你的思路极其跳跃，会让你从为什么要文身，我记录的是什么，我经历了什么，这个事情给予我的是什么……文完身之后，这个东西会留在我身上一辈子，我会永远记得发生过什么事情，这样的事情我都能够承受过来，会不停地给自己营养，会让自己极其自信。包括很多人说你一身这个那个的，我说难道你没有想过，一个六十多岁的老太太，还穿一件背心，一身的文身，是多帅的事情吗？最让我觉得龌龊的一点，就是中国人的观念有时候太年龄化了——到了什么年龄，我就得穿什么样的衣服了，我就必须得变成什么样了，我就得开始攒钱给孩子……那种东西我觉得特别可笑。人越老我觉得越是有魅力的时候。我们俩（和春晓）有一个约定，到六十岁的时候一定要喝一场大酒，一定还是这种穿着，甭管有牙没牙，也要漏着缝儿地吹着气儿地喝，那么聊，再去说以前的事情的时候，你会觉得那是一段特别丰满的经历。而不是说，到了六十多岁了，你看我都这个年龄啦，得注意身体啦，下午我得散散步，打个拳什么的……这种生活毫无意义。个人就是个人，个人就是要活出自己的东西，你要知道你是谁，你喜欢什么样的生活，而不是说， 我做这件事情，别人会怎么看我……不是的。但是文身这件事对我来说很简单，文身的不一定是流氓，没文身的也有人是流氓。

纪汶汐：所以其实你说自己在文身当中思绪的感受，和你在行走中不断地验证自己是一体的，没什么痛苦是受不了的。

冯　佳：当然了，我连孩子都自己生了，我还怕这个。所以你一定要通过不管什么形式的行走有所累积。她（春晓）说的发现，也是一种累积，但她的发现一定不是在自己意料之外承受不了的那种，她用自己的情绪把这些收回来，把它变成自己的东西。对于我来说可能我会想，可能会累，会考虑缺氧，贫苦啊，当你真的行走回来，你就会觉得，这些都不算什么，至少你的心脏还跳，你的人还在。如果你死在行走的路上，其实挺牛的——你在自己极限的时候崩溃了，而不是安死家中，回忆着我这辈子这个没干呢，那个地儿没去呢……如果你在濒临崩溃的时候崩溃，是自己放弃的，绝不会是因为生理上真的不行了而退缩，你会用这种梦魇一样的东西把自己收回来。但是真正支撑自己坚持下来的，不是生理上的东西，而是这儿（指精神和意志力），因为人的思想永远是大于体能的。

纪汶汐：可是有一次我在病中的经历，让我一度觉得自己真的撑不下去了，但我其实觉得自己并不是一个软弱的人，我觉得自己不会输，不会趴下，但当时却有一种无力感。

冯　佳：我明白，但是当时你可以有一个想法是：大不了一死。是你接受它，死亡也是一种生理现象，去面对；还是因为你的意志消沉导致你不愿意面对这个东西。

春　晓：从修行的角度来讲的话，因为你的“业”太多，所以消的时候会比常人要痛苦。但是走出来之后，对人的生命却是一种特别大的提升。

冯　佳：你（纪汶汐）为什么不想想，正常人体会不到你这样的经历呀！那是一种多“飞”的经历呀，完全超现实。你把它记下来，那是一笔多大的财富啊。我给你讲一件事儿，我自己去纳木错，走前三分之一的时候我已经快累吐血了，我看上面有人我就生气，我说不行，我得走！当我上到最高的时候，旁边已经没人了。所有人都觉得那么大的天，那么美的湖，自己好渺小啊；我不，我就在那躺着，觉得自己太强大了。那种快乐，并不是你意外地去了一个什么地方，而是我看到那个地方，我就已经想到，豁出去了我也要到那儿。你真正到了，就回到自己心里：你说能就能。所以困难，面对它，迈过去的时候，把它打扁，是我最痛快的时刻，也是虚荣心最泛滥的时候。

纪汶汐：孩子的牵挂会阻止你这种肆无忌惮的勇敢吗？

冯　佳：当然不会啊！我去肆无忌惮地实现我的事情，他们的母亲是一个我这样的人，他们得多幸福啊！（如果半路出意外）那是我的命，那也是他们的命。当然我也不会（去那么做）。当然你要说那种危险系数 50% 以上的，我也不会去，因为那不值得。但我要对孩子说的不是这个对了，那个错了，而是我作为你们的母亲，我可以什么样，你们也没有任何问题，何况你们比我年轻，比我小，你们是下一代，不要因为现在的生活好像很幸福，没有那么多的困难，你们的内心就变得很脆弱，不能受伤害。No，想要了，自己去争取。

纪汶汐：最后说说你们心目中的行走吧。

冯　佳：行走对我来说是另外一种生活方式，它可能是一个人出发，路上遇到了很多人，最后回来了，我还是一个人。

春　晓：行走就是每个人自己的修行。

行姿。

陈坤

人生路，莫慌张。

撒贝宁：观众朋友们：大家好！您现在收看的是“中国青年电视公开课”——《开讲啦》，我是主持人撒贝宁。这个课堂和我们平时在学校的课堂可能有点不太一样，我们专门邀请了年轻人心目中的榜样，在这几天的时间里，用最有温度、最有灵魂的演讲，来开启我们思维的力量，传递思维的快乐。今天呢，我们要请出一位嘉宾和大家聊一聊我们年轻人的人生道路应该怎么去走。

在这里，我想起一个笑话：一个年轻人费尽千辛万苦横渡了英吉利海峡，当他终于到达法国的海岸线，爬上沙滩，周围所有的人热烈欢呼送给他掌声的时候，一个老爷爷挤进来握着他的手说：“孩子，你辛苦了，你怎么那么傻呀，你不知道这个海峡是有轮渡的吗？”

很多人可能无法理解一个年轻人为什么要去做一件事，也有很多人不知道在这件事情的背后，年轻人究竟想通过它来表达一种怎样的情怀和理念，那么接下来，我想这位嘉宾将会和大家共同来分享他关于这个问题的思考。掌声有请演讲嘉宾：陈坤。

陈　坤：同学们好！大家把掌声送给我的时候，我把我的掌声也送给在座所有的朋友，为什么呢？因为我们的人生是需要自己鼓励的，同样也是需要身边的朋友把掌声送给你们的，来，掌声再来一次！

上台之前我非常紧张，特别紧张，我一直跟周边的朋友说，你别跟我说话，我紧张。他们没有一个人相信，他们觉得我演了很多的戏了，见到每个场合的时候，应该是淡然的，实际上我真的紧张。但是我上场之前，听到撒贝宁的笑话这么冷，我突然觉得充满了信心。（现场笑声）

我的信心有些时候是来自于现场大家给我的掌声，我就会觉得很开心，很 high。（掌声）；同样我也会在某一个角落里面，我的细腻和敏感会让我看到某一个人没有给我鼓掌的时候，我心里难过。（笑声、掌声）我从小长到大，最害怕的莫过于竞赛型的，或是表现类的东西，因为我从小到大，一直是一个比较自卑的人。

在 2008 年之前，我都不是一个特别爱说话的人，但是没想到从 2008 年之后，我变成了一个“话痨”。（笑声）那这个变化来自于什么地方呢？来自于我心理力量的转变，每个人都看到了陈坤以前忧郁的样子，对于我来说，“忧郁”这两个字，已经好像是身上扔不掉的后缀词，但是在我身上，在我的内心深处，我要告诉大家，我是多种颜色的。（掌声）你们老鼓掌，我就没办法继续说话了，但是感谢你们！因为你们的笑容和掌声，让我可以讲下去。

我是看《封神榜》长大的小孩，小时候跟外婆长大，下面有两个弟弟。在我的家乡，我们那个小城，我是少有的单亲家庭的孩子，我不怎么说话，不知道自卑来自于哪里，可能是来自于家里没有父亲，或者因为我母亲工作也不容易，我跟着外婆长大的时候，比较软弱；或者是因为在春游的时候，小朋友分组，没有人愿意跟我一组。我的外婆比较节约，家里也比较穷，我带不了什么东西可以跟大家分享，稍微有一点被孤立的感觉。

其实在那个时候，在我柔软的外表下面，已经孕育着非常强烈的、属于自我的一个世界，话不多，但是我有属于我自己的世界。在那个过程里面，还有一部小说对我非常有吸引力，那就是《基督山伯爵》。我永远都会看小人书里面，他找到一个宝藏之后，他的手上捧了一大把钻石、宝石的时候，我每次都停在那一页上看。因为我小时候家里比较穷，我就一直看那一页，我一直梦想着，有一天我会非常富有。

所以我跟大家分享的是什么呢？是我的汇报。我跟大家汇报，我就是这么长大的，我感谢小时候那段较为扭曲、较为拧巴、较为嫉恨、较为脆弱的少年时代。但是，我没有选择错一条路，（掌声）因为到今天为止，我依然不认为未来我更有名，成为更大的明星，赚更多钱的时候，我会更快乐。（掌声）

在大学的时候，我依然也是一个比较闷的人，大学时候的闷是带着一些小小的“优越感”的。这个优越感来自于什么呢？我观察过我自己，因为自卑。人是这样的，你会在身边看到很多骄傲的人，当他得到一个好的职位的时候，他会莫名其妙地骄傲。比如说，一个高管跟你说话的时候：“陈总，你怎么样？”“（傲慢地）不错啊。”（笑声）这种傲慢和骄傲很大一部分来自于他内心的自卑。

我在上电影学院的时候，就有一种很自卑的骄傲，跟同学不怎么交流，经常看到一个同学家里条件比较好的时候，就想：“有什么了不起，不就是家里条件好吗？”非常的自卑。并且在这个同学面前，还会表现出来，I don’t care about that（我不在乎）。当然，这个骄傲到今天还会存在。就好像一个好朋友，他开了一辆很棒的车到我面前的时候，“哎，我这辆车很棒！”“不就是一辆车吗？”虽然我心里很想要，但是我看见了我的心态，有一种很奇怪的、莫名的骄傲。

我为什么讲了这么一堆给大家听呢？是说我们每个人在面对任何一个人的时候，你可以静下心来，听听你的内心：为什么你这么做？你（现场同学）为什么点头，你可以回答一下吗？

现场同学：我比较认可你的观点，所以点头了。（笑声）

陈　坤：我们就来追溯这个思维方式好吗？为什么我上场的时候非常紧张？我害怕没有掌声，（掌声）是吧。万一我在上面说的时候面对一个很严肃的团体的时候，我突然觉得我紧张了。我的紧张来自于这个。我有一个想要被回馈的诉求，所以我才紧张，是不是？但是没想到我上来之后，大家给了我很多掌声，我瞬间开始顺畅和放松了，为什么呢？

我想问一个问题：“陈坤的紧张和放松都来自于你们的回馈，但是我自己是什么样呢？”你们想过这个吗？也就是说，如果你的上司对你说：“你非常棒。”你很高兴；那如果骂你呢？你就很沮丧。那你还不是被所有人带走吗？在电影学院的时候，我被所有的一切带走——我被同学的好成绩带走，故意装作不在乎。从长大到现在，我们所有人都永远是：别人扔球，我们在接球，但实际上，如果你心里定下来的时候，有很多球扔过来，你可以是不接的。是吗？是吗？是吗？（掌声）

我有一个坏毛病，就是一讲，讲得就比较多，话痨的本性就出现了。我经常会跑题，大家不要介意，好吗？（笑声）我特别想要做一个很棒的人，不是来自于你们要认可的，不是因为我做了“行走的力量”，也不是因为我演戏演得好，大家会鼓励我，我现在比以前好……这样大家才给我掌声。我其实特别想做一个，我心里认为，我自己是一个很好的人。（掌声）

长大了之后，我遇见最麻烦的事情，莫过于2010年，我要离开我自己待了十年的经纪公司。我跟你们面对一样的考试，在2010年。我要做自己的团队呢，还是我要加入另外一个可以给我更多酬劳的公司，或者另外一个可以给我更多表演机会的公司？这成了我当时连续15天没有睡觉，或者没有睡好觉的一个很大的难题。

在那个时候，我完全迷失了，完全迷失，为什么？因为我被我的贪欲，被我的欲望，被我的所有你们想象不到的一些诱惑，包括我自己心里造出来的一些东西，完全地带走了。举个例子吧：那个时候我离开了我的公司，我的一个电影圈的朋友给我打电话："我给你一点股票吧，你加入我的公司。"另外一个朋友说："你到我的公司来吧，我三年保证你多少戏……"对我很有诱惑，因为我不知道我踏出那一步对于我意味着什么。

有一天晚上，我就起来了，可能两三点钟，我就在窗台，把那个窗户打开，我站在那里看，看外面，整个城市很安静。我问我自己一个问题："陈坤，你想做什么？"没有答案，完全没有答案。我再问我自己："陈坤，你心里到底想要什么？"我突然开始回答我自己了，我的自我对话功能完全启动了。

我说：“你想要钱吗？”

我回答：“我想”。

“要多少钱你才开心？”

我说：“要更多的钱。”

我又问我自己：“你要更多的钱是为什么呢？”

“我要买更多房子，这样会让我安全。”

“那安全带给你的是什么？”

“安全带给我的是心里的平静。”

“那平静带给你的是什么？”

“平静是让我知道，我真的想要什么。”

我知道了，我要保持一颗清贫的心。

其实今天我回过头再看这段话的时候，我依然在表演，为什么在表演？是因为面对太多的诱惑的时候，我不知道怎么办的时候，我只是找另外一个借口，来面对了上一个借口而已，只不过这个借口还比较漂亮。（掌声）

但是我想要的是什么呢？我想让我自己找到我的心，让我的心理力量越来越自然，越来越柔软，越来越强大，我要改变环境对于我的影响。我希望我自己能够境随心变。有可能很多时候，我的爆脾气，我计较的内心，我敏感的尖锐，依然在我身体里面时涌时现。只不过呢，我要跟大家分享的是，人生路还很长，我才三十多岁，我们差不多吧？是吧？（笑声）在我们差不多的这个年龄，还有未来很长的路。虽然我们每个人面对的路不一样，但有些时候花点时间去思考，用一个什么样的心态看世界，我觉得也不算很浪费时间。（掌声）

我非常想要提倡一个新的方式，叫“往回走”。我们的眼睛永远看外面，看到所有人邀请我们，如果这个人给了我一份工作，我非常高兴；如果我去面试了之后，这个人没有给我一个工作的机会，我会非常沮丧。所以希望大家把眼光朝外看的时候，从外面的所有人给我们的反馈，带来喜悦，然后找到新的一条路是——我们眼睛往里面看，看我们的心。怎么看我们的心？我提出了一个新的方法，也就是2010年，我们公司“东申童画”创造了一个关于心灵的、所有的人都认为不应该做的一个项目，叫“行走的力量”。希望大家把掌声送给“行走的力量”。（掌声）

我希望大家在未来的时间里面，因为我们今天的交流，因为我今天给你们的分享，我们选择最笨的方式，能够找到或者听到自己内心的声音。为什么？因为在我身边，永远充满着非常多的聪明人。其实，我在十多年的时间里面，特别想成为聪明的人，我想成为一个了不起的人，被所有人赞扬的人。我希望自己更有名、更有钱，因为这样可以得到更多的奖赏。但是我告诉你，你们安静下来的时候，会发现你尊不尊重你自己，是最重要的。也就是说，当有一天，我做了一个很大的明星的时候，其实我心里一点快乐都没有的时候，是没有人知道的，只有我自己知道。（掌声）

陈　坤: 我希望，在我们如此快节奏的生活和城市里面，在我们无数的诱惑和欲望面前，学会笨一点、慢一点、“二”一点、傻一点。因为整个社会的人“随大溜”，都是往前面走，快。今天我投了 50 块钱，明天拿到两百，逐利如此的快。很多人说，我们先把财富跟生活安排好了之后，等我有空闲的时候再听我内心的声音，不好吗？是先得到，在有空的时候再找内心；而我提供的方法是说，在现在，先把你的心定下来，当你很清晰地看见所有的诱惑和前进的方向的时候，你选择想前进，还是想退回来。这个顺序，我说清楚了吗？（掌声）

我不是一个可以跟大家分享我成绩的人，我没有任何东西值得你们觉得我了不起，我只是跟你们一样的，在我们每个人个体的人生道路上，想成为自己心灵国王的人。我把这个方法用我这个案例放在你们面前，你们能看到前几年的忧郁小生，今天变成一个“话痨”的样子。并且同样的，我很快乐地在做着一些我认为有意义的，也许别人认为无意义的事情，而我非常享受这种快乐的时候，你们要知道，你们应该为我鼓掌，同样为你们自己鼓掌。因为只要你们一跨步开始，找到你们内心的平静开始，未来的道路，绝对是你可以掌握的。希望你们把你们的心定下来，掌握属于你们的人生。（掌声）

行走是一个很本能、很笨、可能让你觉得毫无作为的、但是可以找到你内心的方法之一。所以我们又回到今天的课题，叫作“人生路，莫慌张”！（掌声）

（撒贝宁上台）

陈　坤：你的幽默不怎么好，我的幽默也特别不好，所以我非常高兴。

撒贝宁：没关系。刚才你说得特别清楚，每个人都是从别人那儿寻找对自己的一个反馈，我很高兴我的冷幽默能给你以自信。（笑声、掌声）我觉得陈坤刚才演讲的时候，他还有一点特别厉害，就是他能以各种不同的方式激发大家的掌声。比如他会说："你们给我鼓掌，我会很高兴。"然后他紧接着会说："如果你们不鼓掌，我会很难过。"刚才陈坤还说："咱们差不多都是同龄人。"刚才你一说你看《封神演义》，立刻勾起我们小时候在路边那个书摊上花两分钱租书的记忆。他看《封神演义》的时候，我可能坐他旁边看《三侠五义》；然后他在看《基督山伯爵》，开启着对未来财富憧憬的时候，我看的是《阿里巴巴》。我小的时候真干过那事儿，就是每天上学、放学的路上，会经常对着一面看上去特别奇怪的墙壁喊一句"芝麻开门"，（笑声）我就怕万一哪个墙后面真有这样奇怪的门开了，不就被我撞上了吗？

陈　坤：对不起，等一下，我要停一下。您确定您做过同样的事儿吗？

撒贝宁：我做过同样的事儿。

陈　坤：我的同学里面也有跟你一样的，但是我们都会比较嫌弃他，因为他有可能是这个……（指脑子）。我没有其他意思，你刚才理解错了。（笑声、掌声）

撒贝宁：我跟你讲，陈坤，我长到这么大，唯一一次喊对了的，就是你刚才出场的时候，这个门真的开了。（笑声）但是我要告诉你，今天在这个舞台上，对你最大的挑战和考验，来自于你面前的这 10 个年轻人。同学们是会很直接的，很可怕，所以接下来请同学们给一个青年演员提一些你们心中最感兴趣的问题。（欢呼声）

现场同学姚旭：我是复旦大学国际政治专业的学生。我其实今天上来也特别紧张，因为我觉得贝宁哥和坤哥长得很像。（惊呼声、笑声）

撒贝宁：我希望你不要这么表扬我，不要这么批评他。（笑声）

现场同学姚旭：我还没有说到主题呢，因为我的女朋友告诉我说，我跟坤哥长得也很像。（笑声）

撒贝宁：原来他是要表扬他自己。

现场同学姚旭：所以我觉得特别开心的就是，我和贝宁哥也可以长得很像了。

撒贝宁：你把人物关系一下子搞乱了。（笑声）

现场同学姚旭：我觉得我和坤哥有一个很大的共鸣之处，就是我也已经去过两次西藏，而且我去年是自己骑着车，在8月份花了二十多天的时间，从成都走川藏线，骑到了拉萨。（掌声）坤哥之前讲过他希望通过行走能够获得正面的能量，那我觉得正面的能量对于你而言究竟可不可以被具象化？因为我们经常听到正面能量，我们每个人觉得适合我们的正面能量也有不同的东西。

陈　坤：我要做的“行走的力量”，是一个方法。先让你们找到内在的安静，只是第一步。（指着一个点）我现在走到那儿，我要忘记所有的事情，把注意力放在我的呼吸上，简单地，一心行走。（走了五步）走到这里的时候，当你用心行走的时候，你会听到自己的心跳声。我还是没有办法帮你具象，因为我是一个抽象思维的人。我一再强调：我的“行走的力量”是——你自己要行走，并且知道你自己在行走之后的结果是什么。你不要问我：你走了之后，我是什么感受？我不知道。我呢，也说不出来我走了之后，我是什么样，但是你可以看到，是从前两年的忧郁小生，到今天的陈坤。这个结果看得见吧？（掌声）很多事情都没办法具象化，但不具象不代表不存在，就好像拿电视机的遥控器遥控电视机一样，中间那条线你看不见的，但是它存在。正能量是你要相信它，并且通过你的方法让自己找到。

撒贝宁：其实你刚才用你的行动回答得特别好，就是你往前走那五步的时候，我听见那个女生的心都快蹦出来了，（笑声）那对她来讲是绝对的正能量，而且是爆棚的能量。你就走那五步，那个女生坐在那儿（深呼吸）。（笑声）我再补充陈坤的（观点）告诉你，我认识的一个人，“行走的力量”给他的正能量，他的名字叫崔永元。很多年了，他睡不着觉。在前几年，他在电视上做了一个节目叫《我的长征》，你也知道，就是带着许多人把长征路重走了一遍，走下来之后，他睡得比谁都香。这就是正能量。（掌声）能感受得到吧？

现场同学卞雅雯：我对你的一个词非常非常地认可和赞同，就是“心灵的国王”。（掌声）

陈　坤：我现在很像参加选秀节目有没有？

撒贝宁：来参加我们节目的嘉宾都有这个感觉。

现场同学卞雅雯：我其实真的是一个挺敏感的人，我可以理解你很多的情绪，比如你小时候因为一些很细节的事情，就把自己定位成一个自卑的人，而且很小的时候确实我也经历过这样的事情，以前有一些主持节目这样的事情，本来我是可以作为主持人去的，但是领导、老师会决定挑选一个更漂亮，但是也许没有那么好的口才的一个女生去，那个时候我就会非常难过，我回来就会找我妈哭，妈妈就会说：“外在美这种东西真的没有办法改变的，你只有一个办法，那就是努力充实自己，给自己一份别人怎么抢都抢不走的内在美。”

撒贝宁：你刚才说，“就算有再多人说你长得不漂亮”，陈坤的困惑在于，“有太多人说你长得太漂亮了”。

陈　坤：但是我跟你讲，我们要内外双修，我就是案例嘛。（笑声）开玩笑，我的玩笑比较冷，大家还会附和，我觉得很感谢。

现场同学卞雅雯：由此我要引出一个问题，就是你觉得在别人眼中的陈坤更重要，还是你自己内心看待的陈坤更重要？

陈　坤：我们从小长到大，都是在别人的认可或者批判中成长的，我们会因为别人的批判而难过，赞美而高兴，我希望大家把内心平静下来，找到内在力量的时候，别人高兴捧你，你也平平静静的，别人抨击你，你也平平静静的。我们演员，会收到网络上非常多奇奇怪怪的评论，我刚刚出道的时候，网络还不是很发达。刚刚看见有人在说你的时候，我还在家里哭，抹鼻子呢。“太生气了，怎么能这么说，要是在我面前，我就抽他一巴掌”。（笑声）这绝对是我心里想的真话。有一段时间，我就不看了。我力量弱，不敢看，我就不看了。慢慢地，我的心里开始平静下来，我越来越成熟了，我做演员时间也长了，大家鼓励我、给我掌声的时候，我感恩；骂我的时候，“没事儿，看着，没事儿”；再过一两年，还真没事儿了；再看，“嘿，骂得挺好的。”（笑声）再过两年，“你骂的是我吗？”

撒贝宁：再过一两年，陈坤说，“今天怎么没人骂我呢？”（掌声）内心的力量强大起来以后，外界的很多东西也就无所谓了。但永远不会说，我们不在乎外界的东西，因为人是一个社会性的动物，我们永远不可能把自己关在家门里去自己做人，我们永远要和社会接触，所以外界的反馈永远是重要的，但是关键在于，它能给你什么样的力量，是正面的还是负面的，这个要看你的内心。（掌声）

现场同学许多：我看过您写的书，就是《突然就走到了西藏》，感受很深，很想问你的一个问题是；你提到在拍《画皮》之前，你对表演或者说做演员没有那么大的热爱，它对你没有那么大的吸引力。我想问，您在拍《画皮》之后发现喜欢演员这个职业，是因为您在过去的几年里，已经作出了相当不错的成绩，得到了观众的认可，还是说您发现您是真正地从内心热爱，而跟其他外界因素毫不相干的？

陈　坤：因为我比普通人贪婪。你说的这些都是之前我面对的，我根本不想当演员，就红了。我做了一段时间发现了一个你们可能都会面对的问题，如果你们静下心来问自己的话，就是“快感在哪里”？当你那么快地已经得到了掌声，并且你没那么用心的情况下，你骗得了别人，你骗得了你自己吗？我没有很用心地演戏，我没有在现场享受拍戏的过程。

有很多我很尊重的演员，他们比我演得更好，却没有我有名，你的心里会很有落差的。等于你就是一个没有付出很多，但得到很多，有很多人会在这个时候为你庆幸、高兴，但我是一个有点较劲的人，我不想像“嗟来之食”一样得到一个平白无故得到的荣誉。我的贪婪来自于，“我必须要对等。”第二个层面才是，我内心的贪婪是说：“我的快乐在哪里？”当你开始把心定下来，认认真真演戏的时候，这个戏卖得好不好跟你没关系，因为在过程里面，你全部享受过了。（掌声）

现场同学许多：但是这个前提可能是在于，您已经获得成功了。

陈　坤：你在谈的是一个事件，我在谈的是心理，问题在这儿。

现场同学吴佳轩：你认为你现在是一个好演员吗？

陈　坤：越来越好。我不能跟你保证我现在是不是个好演员，但是我现在起码比以前我做演员的时候，更享受演员的本身了，难道不比以前好吗？

现场同学吴佳轩：你演到现在，哪一个角色，你是真的非常非常喜欢？不看其他东西。

陈　坤：我自己。最难演的是生活当中的自己。

现场同学吴佳轩：你刚才一直提到，现在我们要达到一个内心的平静，但是我觉得二十几岁的时候是特别难达到内心的平静的，因为你总是在幻想很多的东西，我要去达到一个什么样的高度；我希望我10年以后能够成为一个什么样的人；我希望我以后住什么样的房子；我希望给我的家人好的生活……这些都是在二十岁爆发出来的激情，但是你又说在20岁的时候要让自己归于平静，这两者你不会觉得有一定的冲突吗？

陈　坤：请坐。就是因为难，你才做。所有人都做同样的事情，都在往一个地方拿东西的时候，你拿的东西越来越少，是不是？欲速则不达。并不是说所有人都在那争取的时候，你也在争取，你就赢了。就是因为现在你20岁的时候，心里安静下来难，你才要做嘛，那么容易就做到了，我今天还跟你讲什么呢？（掌声）不要跟横行的人去比较，你的同学怎么样了，不着急的，你必须要学会不着急。为什么我今天的命题叫作“人生路，莫慌张”呢？（掌声）

现场同学吴佳轩：我还有一个问题，可以问吗？

撒贝宁：别着急，待会问。（笑声）机会均等一下，我们给旁边的同学问问。

现场同学胡凤娇：我最近看到新闻是说，“陈坤做公益，在西藏行走十天”。但是我一直觉得坤哥是一个特活在自己世界里的人，你关注的是：“我能不能得到内心的安静，摔倒了没关系”，但是我真的不觉得这个跟做公益有什么直接的联系。因为你是明星，你有钱，你可能出个几百万去捐一所学校，或者说把这些钱捐给贫困学生，我觉得做这些更有意义。你在那里行走，可能你是明星，人家觉得你是在做公益；我在那里走，人家觉得我“二”。所以我想问，你真的觉得那样是有意义的吗？公益在哪里？我没有看出来。

陈　坤：我很感谢她提了这个问题，刚好我想把一些话说出来。第一个，捐钱我没有少捐过，只是增加了“行走的力量”，明白这个道理吗？并不是我做了这个，那个没做；第二个事情，我跟所有人说过，“行走的力量”是一个不需要存在的事情，因为我们这个世界所有人都在做着“应该做的事情”，但是告诉我什么是应该的？比如说慈善就应该，是吗？

现场同学胡凤娇：我觉得每个人有自己的定义吧。

陈　坤：我没有跟你争论，我是在问我自己。一个老兵（需要帮助），我捐了钱，马上想看到房子盖起来，但是你关心了，你要持续地关注他，是吧，这叫关注。还有一个方式是，有些人需要衣服，你把衣服捐过去了，这也是帮忙。他在危难的时候，我对他说“你很棒”，这是个公益。我跟大家分享的叫“心灵平静”，你自己自救。我的意思是，在行走的过程里面，你们为自己行走的时候，你们是自己内心觉醒，难道这个还不是心灵的慈善吗？（掌声）你觉得意义在哪里？我想问的话题是——因为我这个项目拿出来给别人看的时候，每个人说：“坤，你干吗，这事吃力不讨好，你做一个更有爆点的事不是更好吗？”我到现在，不需要作秀了，（掌声）我是在为我心里觉得想做的事情而做。刚刚你说得很对，我是明星，我有钱，看跟谁比。但是呢，没有一个人应该跟陈坤讲，“你陈坤的钱应该做这个。”因为每一分钱，是我自己包里的钱。现在我告诉你，妹妹你包里面的钱拿给他 20 块，拿给他 50 块，你做吗？没有这样的。我在做着一个我认为对的，对社会或者对内心，或者对某些朋友有用的事情。不需要，或者我不接受质疑。

现场同学胡凤娇：其实这也是我最想听到的，因为我真的觉得有些明星，他们作秀太厉害，但是实际做了什么，实在没有人知道，所以我觉得你应该谢谢我，因为我让大家知道了，其实你做了那么多的事情。

陈　坤：现在就是一个所有的节奏都“快快快”的时代，我们能不能做一点没那么马上有意义的事情。（掌声）

撒贝宁：陈坤刚才说的一点，我跟你有一样的感受。就是说，公益其实分很多种，我们现在的社会可能更多地把目光放在那种实际捐助物质上的公益，那是一种方式；但是中国自古以来有一种说法，叫作“授人以鱼，不如授人以渔”，你给他一条鱼，不如告诉他怎么去打鱼。

陈　坤：（与撒贝宁拥抱）你怎么又总结得这么好。（欢呼声、掌声）

撒贝宁：所以，陈坤他这种“行走的力量”，表面上看，它没给我们带来什么物质上的东西，但是如果有人能够从这个力量当中感受到，“原来我们还可以这样”，用这样的方式去回望自己的人生，寻找一下内心的正面能量，也许当他领悟到这个了，用这种正面能量为自己未来的道路打开更广阔的境界的时候，功德无量。（掌声）

陈　坤：总结得太好了，谢谢。（欢呼声、掌声）

现场同学邹一鸣：我是四川人，凉山彝族自治州的人。您刚刚不是说“往回走”吗？我想说往回走，一起回家好不好？

撒贝宁：你等一等，你吓着我们俩了。（笑声）

现场同学邹一鸣：您是重庆的，我是四川的，可不可以请您讲两句家乡话，因为在异乡听到家乡话是一件很温暖的事情。

陈　坤：（重庆话）在心灵的国土上，自己做自己心灵的国王。（掌声）

在心灵的国土上，做自己的国王。

现场同学邹一鸣： 我在上海读大学，我回家的路程基本是乘 38 个小时的火车到成都，然后 11 个小时的火车到西昌，然后再换乘两个半小时的中巴车，到我们那个县上，然后再步行半个小时，于是我就快快乐乐地到家了。我从一个很偏远的山区来，我不知道自己想干什么，能干什么，以后将在什么样的地方发展。您觉得在这样一种小城市到大城市的迷茫之间，可以做什么，来改变现在这种情况？

陈　坤： 我要送你三个词，也是送给我自己的。这三个词对我非常重要——一个是“发现”，第二个词是“接受”，第三个词是“转变”。什么叫发现呢，就是发现你自己弱，发现你自己会因为别人的鼓励和批判而难过。你要问你自己，发现你自己内心的力量弱；然后开始接受，“也许他说的是对的”。别人说：“陈坤你是个‘二’。”大部分的时间我们都在说“我不是。”你把同样说“不是”这一秒钟变成“我是”。顺了，而已。我能够给您的建议就是这个，因为我也是小地方出来的朋友，但是在我的脑子里面，我不认为我是小地方的，因为我们是地球人，大城市有什么了不起吗？小城市有什么不好吗？我们不都是人吗？（掌声）

现场同学邹一鸣： 对，我同意！

现场同学那建勋： 在问话题之前，我有一件事情想跟陈坤讲，我跟您一样，我也是很小的时候父母就分开了，我是在单亲家庭中长大的，而且我有近十年的时间没有见过我的母亲。您跟外婆一起长大，我跟奶奶一起长大，但是家人给我的期望太大了，如果我不是第一名的话，我的奶奶就会去找班主任来分析我的试卷。在高考之后，我来到了上海，我们打电话她会先问成绩，第二句才是“身体怎么样”。所以去年，我真的承受不了这种巨大的压力，我去了一趟西藏，而且是全部背着我的家人，我用自己打工一个学期赚的钱，买站票，站了 44 个小时，从成都上了西藏。（掌声）因为我觉得我内心非常非常缺乏安全感，我非常想摆脱现实的高压，去寻求内心的渴望。所以为什么我在一定程度上非常理解“行走的力量”这个项目，因为我也是一个非常爱走，非常想走，也非常需要行走的人。

我从高原回到了高楼大厦之间，真的是觉得内心的宁静又被这种现实中家人的期盼影响到完全的消失了。你说我们可以不去面对外界给我们的评价，我们去追求自己的内心，但是这种评价、这种期盼是来自你最爱的人，你没有办法回避。

陈　坤： 对于我来说都是外相。当环境不能为你改变的时候，用改变自己去适应环境，这也是一个很简单的道理。因为你以前一直认为他们给你的是压力，所以你还要转换一个思维是说，很感谢他们的推动，你才能到今天。你知道吗？人真正的成长和成熟来自于感恩，感恩的不仅仅是给你机会的人。我知道很难，我也学会得很难，你要感谢那些给你压力，包括你觉得是负面的人，你必须要学会感谢他们。（掌声）

撒贝宁：年轻人有的时候做一些事情会因为冲动，会因为自己一时的情绪而忘记了顾及周围的人，尤其是你身边最亲密的人，也许她爱你的方式你接受不了，但是那一瞬间她对你的爱会因为你的任性，甚至有的时候带一点点自私的做法，而受到伤害。所以在我们去发泄自己的情绪，去寻找自己内心的时候，一定让周围爱你的人不要担心，这是年轻人首要的责任。尤其是奶奶，祝奶奶身体健康。（掌声）

现场同学王晓亚：我也听到之前的几位同学都有过行走的经历，我想知道坤哥在行走的过程当中，会觉得累吗？

陈　坤：累不累不是重要的事情，累是必然的，但是你较劲不就是在于“我累了，也能战胜你”吗？我跟你打一个比方：我们上一次爬山，所有人把所有的力量都放在爬山上面，爬到顶峰往下走的时候，所有人都不行了。我们的人生里面，30 岁之前都是在爬坡的，财富、名誉、所有的一切……但实际上，你要知道我们要作的最大准备是为了我们下山的时候——也就是陈坤要准备的是：有一天我没有工作的时候，我衰老的时候，我啥都不是了，我是一个过气演员的时候，我的心态还像不像今天这么健康。（掌声）所以我跟大家分享“人生路，莫慌张”。

撒贝宁：今天的年轻人和我们那会儿不一样，但是有一些东西不会改变——人的心灵的力量。怎么去发现这些一直就存在的能量，怎么让它释放出来。微博上曾经有人说：“如果当你一天到晚拿着手机刷着微博，坐在家里宅着看电视，天天上着网，做着那些 80 岁以后都能干的事，你要青春干什么呢？”

（欢呼声、掌声）

用现在的时光，找一个时间行走、感受，把力量激发出来，和陈坤一起，我们在路上。趁年轻，莫慌张。

（完）

图书在版编目（CIP）数据

往西，宁静的方向 / 费勇主编 . -- 广州 : 广东旅游出版社 , 2012.8

ISBN 978-7-80766-392-8

Ⅰ . ①往… Ⅱ . ①费… Ⅲ . ①西宁市 – 概况 Ⅳ . ① K924.41

中国版本图书馆 CIP 数据核字 (2012) 第 179522 号

行走 MOOK 001

文字撰稿　纪汶汐　王慧雯　梵 宁　敖 远
视觉总监　施伟宏
装帧设计　施伟宏　陈　铖
版式设计　刘　婷　唐　莉
图片摄影　刘　婷
责任编辑　江丽芝　黄少君
责任技编　王慧雯
特约编辑　纪汶汐

出品 / 東申九歌

出版发行　广东旅游出版社
社　　址　广州市中山一路 30 号之一　邮编 :510600
网　　址　www.tourpress.cn

印 刷 者　北京永诚印刷有限公司
开　　本　787 × 1092　16 开
印　　张　14.5
字　　数　130 千字
版　　次　2012 年 10 月第 1 版
印　　次　2012 年 10 月第 1 次
书　　号　ISBN 978-7-80766-392-8
定　　价　38.00 元

特别鸣谢：

青海省西宁市人民政府　　西宁市文广局　　西宁市旅游局

Columbia

AUPRES
MEN